KONDITOREI
RESTAURANT

Peter Kruse

L'ARRONGE

Der Hamburger Salon

MURMANN

Die Deutsche Bibliothek – CIP-Einheitsaufnahme
Ein Titelsatz für diese Publikation ist bei der Deutschen Bibliothek erhältlich
ISBN 978-3-86774-059-3

1. Auflage, November 2008

Umschlag, Herstellung und Gestaltung: Eberhard Delius, Berlin
Satz: Offizin Götz Gorissen, Berlin
Gesetzt aus der Kennerly
Lithografie: Reihs Satzstudio, Köln
Druck und Bindung: Freiburger Graphische Betriebe, Freiburg
Printed in Germany

Besuchen Sie uns im Internet: **www.murmann-verlag.de**

Ihre Meinung zu diesem Buch interessiert uns!
Zuschriften bitte an **info@murmann-verlag.de**
Den Newsletter des Murmann Verlages können Sie anfordern unter
newsletter@murmann-verlag.de

INHALT

Das L'Arronge, wie es eine Hamburger Künstlerin der fünfziger Jahre sieht: pittoresk, als wäre es an einem Pariser Boulevard.

VORWORT

Die »heure bleue« ist ihre liebste Stunde – »erst trinken wir ein Glas Champagner«. Es ist die Zeit der Dämmerung, wenn der Tag nicht mehr Tag und der Abend noch nicht Abend ist, dann taucht das Alltägliche weg, die Erinnerung an ein langes Stück Hamburger Zeitgeschichte der vierziger bis in die achtziger Jahre kommt unverblasst aus der Tiefe hoch, und das Ferne ist mit einem Mal lebendig nah.

Wer die Wohnung in der zweiten Etage des weißen Hauses aus der Gründerzeit in Hamburgs apartem Ortsteil Harvestehude betritt und die Augen wandern lässt, wird von einer Bücherwand so hoch wie das Zimmer gefangen genommen. Vor den Büchern stehen Fotos, ungerahmte neben gerahmten, einige von vielen tausend Tagen etwas vergilbt. Sie stehen so dicht beieinander, dass sie die Bücherrücken verdecken. Die Gastgeberin kommt einen Schritt näher, lächelt und schweigt, sie spürt wohl die Faszination, der ihr Besucher erlegen ist. Romy Schneider und Alain Delon, Heinz Rühmann vor einem einmotorigen Flugzeug, Max Schmeling und Anny Ondra, halb verdeckt Ilse Werner, daneben die bezaubernde Lilian Harvey, die sich in den dreißiger Jahren mit dem Lied »Das gibt's nur einmal, das kommt nicht wieder« in die Herzen der Menschen sang. In diesem offenen Schrein schöner Erinnerungen sind alle aus der

Welt des Glamours vieler Jahrzehnte beisammen, wie die Zusammenkunft einer Legion von Legenden, die Millionen Menschen verzaubert haben.

»Und das sind alles Privatfotos?«

»Ja, nur wenige sind in Zeitungen, Zeitschriften, Magazinen jemals gedruckt worden.«

Die Gastgeberin, die zur »heure bleue« geladen hat, greift zum Champagnerglas und taucht in die Vergangenheit ein, auf das eine oder andere Foto zeigend. Die Geschichten fließen wie ein breiter Strom an diesem und vielen folgenden Abenden, während die Sonne hinter den Bäumen an einem Seitenarm der Alster versinkt. Sie sind spritzig, mal tiefgründig, heiter und auch wehmütig. Mit den länger werdenden Schatten gewinnt ein aufregendes Leben Konturen, als wäre alles eben erst geschehen – die Vergangenheit wird zur Gegenwart. Es ist das Leben der Gisela L'Arronge, von ihren Freunden nur »Gisi« genannt. L'Arronge – das ist ein Name, der in Kreisen von Musikern, Sängern, Komponisten, Größen des Films, des Theaters, des Fernsehens, der Medien und vieler Prominenter weit über Hamburgs Grenzen reichte. Und die legendäre Konditorei mit ebendiesem Namen in der Hamburger Dammtorstraße Nummer 13, die es schon lange nicht mehr gibt, war wie ein Knotenpunkt der Berühmten, Bewunderten und der Schönen. Wo auch immer zwischen München, Berlin und Hamburg sie sich sahen und trafen, hieß die Verabredung: »Adieu! Bis zum nächsten Mal bei Paul und Gisi L'Arronge!« – dem Hambur-

In der Hamburger Wohnung von Gisi L'Arronge stehen in einem Bücherregal die Erinnerungen an erlebnisreiche Jahrzehnte. Es sind die Fotos von unvergessenen Stars, die bei L'Arronge ein und aus gingen.

ger Salon. Die beiden haben es verstanden, Größen ihrer Zeit um sich zu versammeln. Es war ihr Charme, ihre Aufmerksamkeit, die Gewissheit ihrer Verschwiegenheit und die Gabe, Freundschaften zu wahren, die ihrem Salon das Aushängeschild gaben, eine hanseatische Legende zu sein.

MEHR GIRL ALS DEUTSCHES MÄDEL

Das nachkaiserliche Deutschland brodelt, Krisen erschüttern die erste Demokratie, nationalistische und radikale linke Kräfte zerren an ihr. Die Weimarer Republik von 1919 bis 1933 nach dem verlorenen Ersten Weltkrieg ist wie ein Hexenkessel, in dem sich alles entlädt. Straßenschlachten, Inflation und politische Unruhen treiben das Land an den Rand des Ruins. Rasend schnell verfällt die Währung. Bald kostet ein amerikanischer Dollar mehrere Milliarden und schnell Billionen Mark. Reiche werden über Nacht bettelarm, Emporkömmlinge und Schieber werden reich. Erst eine radikale Währungsreform kann diesen wirtschaftlichen Absturz ins Endlose beenden. Aber der Tanz auf dem Vulkan geht weiter. Auch die moralischen Werte, die einst im Kaiserreich gegolten haben, werden radikal in Frage gestellt. Die Prüderie der alten Zeit wird fortgespült, die neue Epoche ist schillernd und schrankenlos. In der Welt des Amüsements kleiden sich Frauen wie die Männer, in den Großstädten ist die Tanz- und Vergnügungssucht ausgebrochen, die freie Liebe und die Ehe zu dritt werden als Gesellschaftsform der Zukunft diskutiert. In den Bars wird Kokain eine selbstverständliche Handelsware. Film- und Operettenpaläste sind Abend für Abend ausverkauft.

In diese junge und aufregende Republik, die nur eine

kurze Lebensfrist haben sollte, wird am 20. Mai 1925 Gisela Griffel in Hamburg-Hausbruch hineingeboren, vier Jahre nach ihrer Schwester Ingeborg. Die gutbürgerliche Kaufmannsfamilie Will und Minka Griffel zieht mit den beiden Töchtern vom städtischen Rand in den Hamburger Schwanenwik, wo die beiden Mädchen heranwachsen. Inzwischen ist das Buch eines Mannes erschienen, der die Welt in eine Katastrophe führen wird: *Mein Kampf* von Adolf Hitler. Die Griffel-Töchter sind noch zu jung, um zu begreifen, was geschieht, als die nationalsozialistischen Kolonnen im Siegesrausch unter Fackeln auch durch Hamburgs Straßen ziehen, die nur 14 Jahre währende und sich aufgebende Republik mit Stiefeln zertreten und die braune Diktatur ausrufen.

Das Geburtshaus der Gisela Griffel in Hamburg-Hausbruch. Hier kam die Tochter einer Kaufmannsfamilie am 20. Mai 1925 zur Welt, vier Jahre nach ihrer Schwester Ingeborg.

Mit sechzehn muss Gisela zum ersten Mal erfahren, was es heißt, Vorlieben auszuleben, die unerwünscht sind, weil sie das nationalsozialistische Bild von einer »Volksgemeinschaft« beschmutzen würden. Gisela Griffel ist mehr ein Girl als ein deutsches Mädel. Die Schülerin des Mädchengymnasiums des Paulsen-Stifts wird vom Unterricht ausgeschlossen, sie muss die Schule verlassen. Den Eltern wird in einem Brief der NS-Gauleitung mitgeteilt: »Ihre Tochter

Eine Schule mit Tradition war das Hamburger Paulsenstift.

Gisela ist politisch nicht auf der Linie des Nationalsozialismus und zeigt Interesselosigkeit am Geist der Reichsführung.« Sie ist auch beobachtet worden, weil sie zur Hamburger Swing-Jugend gehört und ständig im Curio-Haus auftaucht, wo sich die Jugend bei amerikanischer Tanzmusik vergnügt, für die Herrschenden eine »artfremde« Musikkultur, die Deutschlands Jugend verdirbt.

In vielen Städten wird an die Eingänge von Tanzlokalen ein Schild geschraubt, auf dem steht: »Swing tanzen verboten«. Absender: »Reichskulturkammer«. Doch das Grundgefühl vieler junger Menschen ist stärker, es missachtet die Nazi-Ideologen und ihre Terminologie. Den »Hottentotten-Rhythmen« und dem »Klarinetten-Gewinsel« amerikanischer Musikgrößen, wie zum Beispiel des amerikanischen Juden Benny Goodman, gibt sich die Jugend hin, besonders in den deutschen Metropolen. Hamburg ist neben Berlin eine Hochburg des Swing. Im Curio-Haus, im Alsterpavillon und in anderen Lokalitäten vergnügt sich die Jugend bei dieser Musik. Unter der Hand blüht ein Schwarzmarkt für Schallplatten mit Broadway-Melodien.

Als Hitler-Deutschland schon weite Teile Europas unterjocht hat und an den Fronten des Zweiten Weltkrieges zu grausamen Schlachten ausgeholt wird, hält in der Heimat, da vor allem in Hamburg, die Swing-Jugend zwischen 16 und 21 Jahren unverdrossen durch. Die meisten sind Töchter und Söhne aus gutbürgerlichem Hause. Die Jungen kleiden sich »very british«, haben längere Haare, tragen karierte Sakkos, Schuhe mit dicken Kreppsohlen und immer einen Regenschirm über dem Arm. Die Mädchen erscheinen in den Tanzlokalen mit herabwallenden Haaren, sie sind geschminkt und haben lackierte Fingernägel. Sie begrüßen sich mit »Swing Heil!«. In der Konditorei von Paul L'Arronge in der Dammtorstraße 13, wo sich eine Gruppe der Swing-Boys regelmäßig trifft, lesen sie das SS-Propagandaorgan *Das Schwarze Korps*, doch immer nur die letzte Seite mit den Traueranzeigen für die an den Fronten getöteten deutschen Soldaten. »Wieder eine ganze Seite Verrückter«, näseln sie lakonisch und zynisch.

Seit dem ersten Kriegsjahr werden die Razzien gegen die swingende Tanz-Jugend verschärft. Nazispäher notieren Anfang 1940 im Curio-Haus die Namen von 400 Jugendlichen. Beinahe jeder Zweite von ihnen ist nicht in der »Hitlerjugend« oder im »Bund Deutscher Mädchen«. Nach einer Razzia 1941 werden viele Hamburger Swing-Begeisterte festgenommen. In einem Schreiben der Hamburger NS-Leitung an Heinrich Himmler, den Reichsführer der SS, steht: »Da die Tätigkeit dieser Swing-Jugend eine Schädigung der deutschen Volkskraft bedeutet, halte ich die sofortige Unterbringung dieser Menschen in ein Arbeitslager für angebracht.« Himmlers furchtbare Antwort: »Meines Erachtens muß jetzt das ganze Übel radikal ausgerottet werden. Alle Rädelsführer sind in Konzentrationslager einzuweisen. Nur wenn wir brutal durchgreifen, werden wir ein gefährliches Umsichgreifen dieser anglophylen Tendenz in einer Zeit, in der Deutschland um seine Existenz kämpft, vermeiden können.«

Auch Gisela Griffel gerät 1941 mitten im Tanzvergnügen in das Fadenkreuz der Häscher mit dem Hakenkreuz im Revers, sie versucht, sich durch Flucht auf die Damentoilette dem Zugriff zu entziehen. Doch es misslingt ihr. Sie muss den Männern der Geheimen Staatspolizei, der Gestapo, Name und Adresse nennen. Damit endet für sie und für so viele andere in ihrem Alter die Jugendzeit. Gisela ist nicht die Einzige, die ihre Schule verlassen muss, mindestens weitere zehn Mädchen allein in ihrer Klasse, die Swing in Kopf und Beinen haben und sich zu den Rhythmen einer anderen Welt leidenschaftlich bekennen, trifft es ebenso.

Giselas Mutter handelt sofort. Sie schickt ihre Tochter nach Berlin. Vielleicht würde sie dort noch nicht in den Akten stehen und untertauchen können. Giselas Schwester Ingeborg, eine Schauspielerin, die schon länger in der Reichshauptstadt lebt, nimmt sie auf und verschafft ihr eine Beschäftigung im Theater am Kurfürstendamm. Gisela hilft als Garderobiere aus, springt als Souffleuse ein, und manchmal gibt es sogar die Gelegenheit für eine kleine Nebenrolle. Hier also bleibt sie im zweiten Kriegsjahr unerkannt und unbehelligt.

GISELA UND DER KRONPRINZ

Giselas Vater ist seit Kriegsanfang Reserveoffizier der Wehrmacht und im Range eines Majors in Wien stationiert. Dort bildet er junge Offiziere aus. Von den Vorgängen um seine swingende Tochter Gisela ahnt er noch nichts, bis ihn ein Brief seiner Frau erreicht, in dem sie über die jüngsten Aufregungen in Hamburg schreibt. Vater Griffel macht sich große Sorgen und nimmt sofort Sonderurlaub. Am nächsten Abend lässt sich der Major in einem Dienstwagen zum Wiener Ostbahnhof fahren und besteigt gegen 21 Uhr den Nacht-D-Zug über Oppeln, Breslau und Frankfurt (Oder) nach Berlin. In seinem Abteil trifft Major Griffel auf einen Mann, den er gleich erkennt. Es ist Wilhelm, Kronprinz des Deutschen Reiches und von Preußen, der erste Sohn von Kaiser Wilhelm II. Der Major und der Kronprinz kommen ins Gespräch. Es wird eine lange und schlaflose Nacht für die beiden bei abgedunkeltem Licht. Die Deutsche Reichsbahn hat dunkelblaue Glühbirnen in die Lampen der Zuggabteile schrauben lassen, um den alliierten Bombern über dem Reich kein erkennbares Ziel zu bieten. Auch die Städte entlang der langen Strecke sind verdunkelt. Der Major und der Kronprinz sprechen über den Krieg, über die Lage an den Fronten, sie äußern sich zurückhaltend, denn sie wissen noch nichts voneinander. Major Griffel sagt nur, dass er ein familiäres Problem habe, mit der jüngeren seiner beiden Töchter, weshalb er dringend nach Berlin müsse – und darüber hinaus und nebenbei, dass er bald in einer leitenden Position in die Personalabteilung des Oberkommandos des Heeres (OKH) von Wien nach Berlin wechseln werde. Die Nacht vergeht, und der Kronprinz gewinnt den Eindruck, es nicht mit einem Nationalsozialisten zu tun zu haben.

Kronprinz Wilhelm, der Sohn des letzten deutschen Kaisers. Wilhelm und Giselas Vater lernten sich bald nach Ausbruch des Zweiten Weltkrieges im Nachtzug von Wien nach Berlin kennen. Diese Begegnung hatte Folgen.

Am nächsten Morgen, nach dreizehnstündiger Fahrt, steigen die beiden Reisenden im Bahnhof Zoologischer Garten aus dem Zug. Tochter Gisela, die Schwester Ingeborg mitgebracht hat, sieht die beiden Herren schon von weitem. Auch der Kronprinz begrüßt die jungen Damen. Vater Griffel belehrt seine Töchter, den Kronprinzen mit »Kaiserliche Hoheit« anzureden. Noch auf dem Bahnsteig wendet sich der Major seiner Gisela zu, um die es schließlich geht.

Er fragt sie: »Warum bist du von der Schule geflogen? Etwa wegen Faulheit?«

Gisela schüttelt den Kopf: »Nein!«

Vater Griffel: »Wegen Frechheit?«

Gisela: »Nein!«

»Dann kann es nur wegen der Nazis gewesen sein.«

Gisela: »Ja!«

Der Vater zieht seine Tochter erleichtert in die Arme und gibt ihr einen Kuss. Der Kronprinz, der die Szene beobachtet, lächelt und schweigt.

Kriegsjahre und ein letztes Zusammentreffen für lange Zeit: die Töchter Ingeborg (links) und Gisela mit ihrem Vater, dem Major, bei einem Spaziergang im Berliner Tiergarten.

Major Will Griffel bezieht bald nach der Bahnhofsepisode seinen neuen Berliner Posten im Oberkommando des Heeres, und dem Kronprinzen geht der Offizier mit den beiden Töchtern nicht mehr aus dem Kopf. Die Szene zwischen Vater und Tochter bestärkt ihn, bei aller Vorsicht einen Kontakt zu dem Major aufzunehmen. Hinter vorgehaltener Hand von anderer Seite ist ihm berichtet worden, dass der Major nicht der Nazipartei angehört. Der Kronprinz fasst sich ein Herz und vertraut sich schließlich Major Griffel an. Die beiden verabreden sich zu einem Spaziergang. Wilhelm bittet den Major, ihm dabei zu helfen, adlige Verwandte in der Wehrmacht nicht zu Hitlers Himmelfahrtskommandos abzukommandieren. Denn für den Kronprinzen ist es eine ausgemachte Sache, dass Hitler die Angehörigen des Hauses

Hohenzollern loswerden will, und »sein« Major hat in der Dienststelle des Heeres Einfluss darauf, welche Offiziere wohin an die Fronten versetzt werden sollen. Wilhelm misstraut dem »Prinzen-Erlass« Hitlers aus dem Jahre 1940, in dem der Befehl erging, Angehörige des Hauses Hohenzollern aus dem Offizierskorps der Wehrmacht auszuschließen.

Anders wird die Rolle des Adelsgeschlechts im Dritten Reich von einem kleinen Kreis konservativer Militärführer gesehen. Nach der Katastrophe von Stalingrad im Winter 1942/43 wird in aller Heimlichkeit darüber nachgedacht, sich des Diktators zu entledigen und die Hohenzollern-Monarchie wiederherzustellen, aber nicht der Kronprinz, sondern einer seiner Söhne sollte der Auserwählte sein. Die Hohenzollern sind an diesen klammheimlichen Überlegungen in Kreisen des Widerstands nicht beteiligt. Sie äußern sich in streng abgekapselten und vertrauten Kreisen kritisch und abfällig über die Naziführer als eine Horde von Emporkömmlingen. Sie halten Distanz, sie taktieren, bleiben ihnen politisch fern, unterlassen es aber, auch nur den geringsten Verdacht einer Gegnerschaft zum Regime zu erwecken.

Wilhelm, seit 1905 verheiratet mit der Herzogin Cecilie zu Mecklenburg, hat vier Söhne und zwei Töchter. Auch vor der Familie hält der Kronprinz die Verbindung zu Major Griffel geheim. Die vertraulichen Kontakte zwischen Griffel und ihm werden von den Nazis nicht aufgedeckt. Doch die gelegentlichen Privatbesuche des Ehepaares Griffel im

Berliner Palais des Kronprinzen fallen den Spitzeln auf. Prompt erhalten sie ein Besuchsverbot für das Palais Unter den Linden.

Nach dem Zweiten Weltkrieg geht der Kontakt zwischen Wilhelm und den Griffels nicht verloren, sie treffen sich, und sie schreiben sich. Die Briefe, die der einstige Kronprinz an die Hamburger Familie schickt, sind immer freundschaftlich und schlicht mit »Euer Wilhelm« unterschrieben. Gisela erinnert sich an eine Reise mit ihren Eltern im Jahre 1949 nach Hechingen, wo der Kronprinz in der Fürstenstraße wohnt. Gemeinsam gehen sie dann hoch zur Stammburg der Hohenzollern, und Wilhelm führt sie durch die Gewölbefluchten. Griffels Töchter fragen ihn, warum er denn nicht hier oben wohne. Wilhelm: »Hier friere ich mich doch kaputt, weil die Burg keine richtige Heizung hat.« Es war das letzte Mal, dass die Bürgerlichen aus der Hansestadt Wilhelm gesehen haben. Er stirbt am 20. Juli 1951 – am Jahrestag des Hitler-Attentats.

GISELA UND INGEBORG AN DIE FRONT

Des Majors Tochter Gisela, untergetaucht bei ihrer Schwester im Theater am Kurfürstendamm, weiß, dass sie weiterhin zu den Gesuchten gehört. Sie fürchtet sich. Ihr ist von Gleichgesinnten Alarmierendes berichtet worden: Solche wie sie, die der regimefeindlichen Swing-Jugend angehörten und sich versteckten, dann aber doch geschnappt worden sind, seien in Zwangslager eingesperrt worden. Oder sie verschwanden in einem Arbeitslager, mussten auf Bauernhöfen und Feldern schuften. Und manche kamen sogar in Konzentrationslager.

Zur Jahreswende 1942/43 endet die Berliner Zeit für Gisela Griffel. Die Bombardierungen erzwingen die Schließung der ersten Theater in der Reichshauptstadt. In den Städten wird die Lebensmittelversorgung drastisch eingeschränkt, die Fleischrationen sinken von 700 Gramm auf 300 Gramm in der Woche. Schüler, die älter als 15 sind, werden als Luftwaffenhelfer eingezogen – das NS-Reich wird bald den »totalen Krieg« verkünden. In dieser angespannten Situation werden Künstler, die nicht mehr auftreten können, zur Ermunterung der Soldaten eingesetzt. Giselas Schwester geht als Schauspielerin auf Fronttournee nach Warschau, Reval und Riga. Die gerade erst 18 Jahre alt gewordene Gisela schließt sich ihr an und tritt nun ebenfalls vor den Soldaten auf Bretterbühnen in der Etappe auf und vor Verwundeten, die auf ihren Abtransport warten. In der Tiefe des Ostens trifft sie immer wieder auf Unterhaltungskünstler, die sie später, als das Schreckliche vorbei war, wiedersehen wird. Einer von ihnen ist der Komponist Lotar Olias. Nach dem Krieg wird er zum engsten Freundeskreis Giselas gehören und in ihrem Leben eine Rolle spielen.

Die Griffel-Schwestern werden nur hinter der Ostfront eingesetzt. Manche ihrer Betreuungseinsätze sind den Kampflinien gefährlich nahe. Eine junge Frau, die »Schifferklavier« spielt, stößt zu ihnen. Sie begleitet die beiden Sängerinnen, trennt sich dann aber nach mehreren Auftritten in der Etappe von dem Hamburger Duo. Die späteren »Griffel Sisters«, so dürfen sie sich noch nicht nennen, aber sie träumen schon davon, dass es eines Tages so weit sein könnte, singen die beliebten deutschen Schlager der Reichsfilmproduktion. Sie begeistern die für jede Ablenkung dankbaren Solda-

Das Jahr 1944, die Menschen sehnen das Ende des Krieges herbei, und Sängerin Gisela tritt als Angehörige der Frontbetreuung vor deutschen Soldaten auf.

ten, obwohl Ingeborg keinen und Gisela nur ein paar Stunden Gesangsunterricht hatte. Sie singen zweistimmig und machen sich über sich selbst lustig. Sie nennen sich »Dienstmädchen-Terzen«. Ingeborg und Gisela sind zwei sehr hübsche Mädchen, die von den Soldaten bejubelt und immer wieder aufgefordert werden, noch diesen und jenen Schlager zu singen. Für beide ist das Wichtigste, weg vom Fenster und weg von den Nazis zu sein. Die aber haben kein Interesse mehr an dem Swing-Mädchen Gisela, denn der Krieg ist schon zu weit fortgeschritten.

Eine ihrer ersten Etappen mit einem Auftritt noch in der Heimat ist das mecklenburgische Demmin, ein Städtchen mit einer wichtigen Munitionsfabrik, wo die Griffel-Mädchen viele Schauspieler aus Berlin treffen. Aber die ständigen Luftangriffe der Briten und Amerikaner gegen die Fabrikanlagen vertreiben sie schnell wieder, doch der Krieg folgt ihnen. Sie stehen an einem ihrer Fluchtpunkte tief im Osten ein 19 Stunden dauerndes Trommelfeuer durch. Wieder Flucht, die sie nach Prag verschlägt. Eines Tages erhalten die beiden Sängerinnen der Truppenbetreuung einen Brief ihrer Mutter, die den Töchtern schreibt, dass sie wegen der schweren Luftangriffe von Hamburg in den Schwarzwald gezogen sei. Ingeborg und Gisela möchten sich ebenfalls von der immer näher rückenden Front absetzen. Doch die Zugverbindungen klappen nicht mehr. In Bad Wiessee am Tegernsee bleiben beide hängen. Ihr Fronteinsatz ist beendet, das Ende des Krieges ist nicht mehr weit.

Um die gestrandeten Griffel-Töchter herum herrscht Auflösung. Das ehemals stille und idyllische Städtchen ist voller Flüchtlinge, darunter viel Botschaftspersonal, das sich aus dem zertrümmerten und umkämpften Berlin abgesetzt hat. Das Jahr 1944 liegt in den letzten Zügen, da begegnen Ingeborg und Gisela dem Schweizer Botschaftsattaché Ernst Pfenninger, den die beiden noch aus ihrer Berliner Zeit am Theater kennen. Gisela wird diesen wohltätigen Mann nie vergessen. Er gibt den beiden jungen Frauen einen Schweizer Schutzbrief für diplomatisches Personal, so dass sie eine gemeinsame Unterkunft bekommen und ohne Angst den Krieg in dem nicht umkämpften Flecken im Süden des untergehenden Reiches überstehen können.

Der Krieg geht für die Geschwister wie ein Spaziergang bei schönem Wetter zu Ende. Bad Wiessee scheint wie ausgestorben, die Menschen sind in ihren Wohnungen geblieben und erwarten in ängstlicher Spannung und doch sehnlich die einmarschierenden Sieger aus Amerika. Es soll doch endlich alles vorbei sein! Die Kapitulation des Nazireiches wird stündlich erwartet. Die Sonne lockt Ingeborg und Gisela ins Freie. Sie gehen ein paar Schritte und sehen zwei hochgewachsene, schlaksige Soldaten in Khakiuniform auf sich zukommen. Der eine spricht Gisela an: »Hey, Blondy!« Der Sieger fragt: »Was macht ihr beiden hübschen Mädchen hier? Das ist doch für euch beide hier noch viel zu unsicher.« Die Amerikaner holen einen Jeep und bringen die beiden wieder nach Hause.

Für die in Bayern Gestrandeten, Ingeborg ist 24 und Gisela 20 Jahre alt, ist es der schönste Tag in ihrem jungen Leben. Sie haben alles überstanden, die Verfolgung, die Bomben, die Zerstörungen und die Flucht.

Nun muss das Leben weitergehen, sagen sich die Schwestern – aber wie in diesem zerstörten Land, das allen Menschen so hoffnungslos schien? Gisela Griffel erinnert sich des Briefes, in dem die Nazis den Eltern in Hamburg vor Jahren verkündet hatten, dass sie die Schule verlassen müsse. Dieses Schreiben, das sie seitdem immer bei sich hat und das einmal eine Verurteilung war, hilft ihr und Ingeborg nun wie ein Freibrief. Gisela steckt den Brief in die Tasche und geht mit der Schwester zur Kommandantur der Amerikaner. Dort lässt sich ein US-Offizier das Schreiben übersetzen und entscheidet, die beiden jungen deutschen Frauen seien als »Anti-Nationalsozialistinnen« anzuerkennen und könnten sofort als Dolmetscherinnen für die Besatzungstruppen angestellt werden, ein Glücksfall für die Geschwister, im Dienst der Siegermacht zu stehen.

Die beiden Hamburgerinnen kommen in der amerikanischen Besatzungszone viel herum. Sie lernen den berühmten US-Panzer-General George S. Patton kennen, der Quartier im Hause der entmachteten Nazigröße Max Amann genommen hat, der Hitlers Präsident der Reichspressekammer war. Sie dolmetschen zwischen ihren Arbeitgebern und den Besiegten, sprechen von ihrer Arbeit als einem »guten Job«, den sie haben, stellen Verbindungen her und genießen

Vorteile, die andere Landsleute nicht haben. Sogar am Nürnberger Kriegsverbrecherprozess gegen die Hauptangeklagten des Dritten Reiches können die Geschwister als Beschäftigte der alliierten Siegermacht teilnehmen.

Inzwischen haben die beiden jungen Frauen erfahren, dass ihr Vater, der Major, den Krieg überlebt hat und in einem Kriegsgefangenenlager in Algerien ist. In seinem ersten Brief an die Töchter schreibt er über die sehr gedrückte Stimmung, weil es Gerüchte gibt, die Sieger würden die Deutschen drei bis zehn Jahre gefangen halten. Gisela antwortet aus Bad Wiessee: »Lieber Vati, solche Gerüchte gibt es hier nicht. Hier bei uns laufen weiß Gott ganz andere Leute frei herum. Wir warten auf Dich. Unsere Wohnung in Hamburg ist unzerstört geblieben, aber sie ist voll von fremden Menschen, sie sind alle Flüchtlinge aus dem Osten. Mache Dir keine Sorgen, wir Griffels werden auch das überstehen. Wenn Du nach Hause kommst, werden wir Dich verwöhnen.«

Es lebt sich gut am Tegernsee unter den amerikanischen Herren. Viele Schauspieler sind in Erwartung des nahen Kriegsendes hierher geflohen, weil es klar war, dass Bayern von den Amerikanern eingenommen würde. Auch Opernsänger finden hier Zuflucht. Gisela lernt Leo Slezak kennen, den beliebten Tenor und Schauspieler, die Schauspielerin Trude Hesterberg und einen jüdischen Musiker, dem es gelungen war, sich vor den Nazis zu verstecken. Er fragt die Schwestern, was sie vorhätten, was sie denn könnten. Sie schildern ihre Kriegserlebnisse und dass sie an den Fronten vor Soldaten gesungen hätten. Er schlägt ihnen vor, ein Musikprogramm für sie zu schreiben, mit dem sie sich über Wasser halten können, wenn sie nicht mehr für die Amerikaner arbeiten wollen und zu ihrem Beruf zurückkehren möchten.

Die Griffel-Töchter sind begeistert, sie spüren einen ersten Hauch von heimkehrender Normalität. Ihr neuer Arrangeur stellt ein Programm zusammen. Die erste Nummer ist natürlich ein Titel aus Amerika: »Rum and Coca-Cola«, der längst schon in den USA ein großer Erfolg mit Millionen verkaufter Schallplatten ist, gesungen von den Andrews Sisters. Und jetzt im besetzten Deutschland singen diesen Hit die »Griffel Sisters«, die sich nicht mehr »Schwestern« nennen müssen – eine neue Zeit ist angebrochen. Die GIs jubeln. Für ihre Auftritte werden die jungen Frauen mit Dollars und manchmal mit Lebensmitteln bezahlt.

Inzwischen gab es ein erfreuliches Lebenszeichen. Ingeborgs Verlobter, von dem die Schwestern nicht wussten, wohin ihn der Krieg verschlagen hatte, spürt die beiden auf und schlägt sich zum Tegernsee durch. Er bietet sich den beiden an, das singende Duo von Auftritt zu Auftritt durch die westlichen Besatzungsgebiete zu chauffieren.

Ingeborg, dunkelhaarig und etwas schwerblütig, und die jüngere Gisela, blond und lebenslustig, sind erfolgreich, auch ohne vollendete Gesangsausbildung, aber musikalisch sehr talentiert. Ihre Auftritte mit vielen englischsprachigen

Das Gesangsduo Ingeborg (links) und Gisela im Jahr 1948. Was die beiden immer schon wollten, dürfen sie jetzt: Sie nennen sich »Griffel Sisters«. Mit dem amerikanischen Titel »Rum and Coca-Cola« feiern sie ihren größten Erfolg.

Titeln werden auch im Rundfunk übertragen, das hilft ihnen, sich einen Namen zu machen. Eines Tages erhalten die Geschwister das überraschende Angebot, im Deutschen Museum in München aufzutreten. Der Rundfunk würde ihr Gesangsprogramm übertragen. Sie nehmen die Einladung sofort an, haben aber eine Bitte: Der Veranstalter solle die beiden nicht als »Sisters«, sondern als »Geschwister« ansagen, weil viele Radiohörer gegen ihre englischsprachige Nennung protestiert haben. Sie erzählen von einem Brief, den sie aus einem deutschen Kriegsgefangenenlager erhalten haben: »Wir haben eine Übertragung Ihres Gesangsauftritts gehört, und es ist für uns alle eine große Freude gewesen, dass es zu Hause noch Frauen gibt, die nicht alle Lieder in der Sprache der Sieger singen und nicht alles Angloamerikanische mitmachen. Und doch bitten wir Sie, uns den Text des amerikanischen Schlagers ›Rum and Coca-Cola‹ zu schicken, weil er das Lieblingslied aller Gefangenen ist.« Ingeborg und Gisela amüsieren sich darüber und schicken den Song-Text ins Gefangenen-Lager.

Eines der letzten Fotos, das die »Sisters« aus Hamburg gemeinsam zeigt. 1949 entschließen sich die beiden Sängerinnen, dass jede ihren eigenen Weg geht.

Zwei Jahre touren die Schwestern von Bühne zu Bühne, singen zwischendurch vor US-Soldaten, ehe es sie in das schwer zerstörte Hamburg zu einer längeren Tourneepause zurückzieht. Die jahrelang getrennte Familie findet endlich wieder zusammen. Auch der Vater ist 1946 aus der Kriegsgefangenschaft heimgekehrt. Die Geschwister entscheiden, noch weitere zwei Jahre aufzutreten. Gisela und Ingeborg treffen sich 1949 in Barcelona mit der Sängerin Lys Assia in der Bar des Ritz-Hotels. Die drei haben nach ihren Rundfunk- und Bühnenerfolgen ein Angebot, die Serie ihrer Auftritte zu verlängern.

Ehe sich Gisela entscheiden will, ruft sie vorsichtshalber ihren Freund Paul L'Arronge in Hamburg an. Gisela und der Besitzer der Konditorei L'Arronge in der Dammtorstraße 13 sind seit zwei Jahren ein Paar. Sie fragt ihn, was er von der Fortsetzung der Konzertreisen halte. Aus dem Telefonhörer kommt ein scharfes Nein: »Wenn du jetzt nicht nach Hause kommst, dann brauchst du gar nicht mehr zu kommen. Du musst mir im Geschäft helfen, ich brauche dich hier.« Das ist für die Schlagersängerin Gisela ein Alarmsignal. Sie lässt ihre Schwester in Barcelona zurück und reist ab. Damit ist ihre gemeinsame Karriere 1949 endgültig beendet. Die Verbindung zwischen Ingeborg und Gisela zerbricht. Ingeborg fährt mit ihrem Verlobten nach Amsterdam, doch das Verhältnis zwischen den beiden ist auch nicht mehr so gut, wie es noch während der Tourneen gewesen war. Sie trennen sich. Die Schwestern gehen ihren eigenen Weg. Ingeborg lernt in Holland ihren späteren Mann kennen, einen englischen Kameramann. Sie kommt nur noch gelegentlich nach Hamburg, um ihre Eltern und Schwester Gisela mal wiederzusehen. Doch die Besuche werden immer seltener. Ingeborg wird bald nach Amerika gehen. Dort erkrankt sie schwer und stirbt 1972 in Chicago.

An einen der letzten Besuche Ingeborgs in jenen Jahren kann sich der Hamburger Journalist Hans Bluhm noch heute sehr genau erinnern, der damals am Anfang einer glänzenden Medienkarriere im Springer-Verlag stand. Axel Springer hatte ihn von der *Hamburger Morgenpost* mit 1000 Mark Monatsgehalt für die 1952 gegründeten *Bild-Zeitung* abgeworben. »L'Arronge? – Da fällt mir eine verrückte Geschichte ein, die ein gefundenes Fressen für eine Boulevard-Zeitung schien. Ich war erst ein paar Tage stellvertretender Chefredakteur an meinem neuen Arbeitsplatz, als eines Morgens in der Redaktion das Gerücht die Runde machte, die Freundin des Konditorei-Inhabers in der Dammtorstraße, Gisi, und ihre für ein paar Tage in Hamburg weilende Schwester Ingeborg, zwei sehr appetitliche Frauen, hätten mit Rauschgift zu tun. *Bild* setzte darüber eine Meldung ins Blatt. Daraufhin rief Paul L'Arronge seinen Freund Axel Springer an, empört über diese unwahre Geschichte. Springer ließ unseren Chefredakteur Rudolf Michael zu sich kommen und faltete ihn zusammen: Wie er dazu käme, so etwas über die beiden Schwestern im Hause seines Freundes Paul ungeprüft zu behaupten. Springer kam zu mir und sagte: ›Junge, du musst jetzt einen Entschuldigungsbesuch bei L'Arronge machen‹. Da musste ich also L'Arronge in dessen Haus aufsuchen. Ich war ja noch jung und ziemlich verschämt. Ich betrat also das Haus, wurde in einen großen Raum geführt, in dem ein Flügel stand, an den sich der Freund des Paares, Max Schmeling, lehnte. Und die beiden haben mich zusammengestaucht: *Bild* hätte den Namen L'Arronge verleumdet. Dann schlugen sie mir vor, mal wieder eine schöne Geschichte über Gisi zu machen. Eine Wiedergutmachung also, dann wäre der Fall erledigt.«

Hans Bluhm, der später Chefredakteur der *Bild am Sonntag* wurde und von 1965 bis 1974 die Programmzeitschrift *HÖR ZU* leitete, war Miterfinder der »Goldenen Kamera«. Gelegentlich traf er auch in späteren Jahren noch Gisi L'Arronge im Café Wende in der Hamburger Sierichstraße. »Frau L'Arronge macht noch einen sehr ansehnlichen Eindruck auf mich, sie ist gut drauf. Sie ist immer voller Geschichten. Und über die alte Episode mit dem Rauschgiftverdacht haben wir, als wir darauf zu sprechen kamen, herzlich lachen können. Alles ist längst vergeben.«

DIE SÄNGERIN UND DER KONDITOR

Paul L'Arronge also war es, der die Karriere der Sängerin Gisela Griffel beendete. Sie hatte den Konditor schon 1947 kennengelernt, mitten in ihrer musikalischen Laufbahn. zweiundzwanzig Jahre jung ist Gisela, als sie Paul begegnet, dem Mann, der ihre große Liebe wird und mit dem sie gemeinsam bei allem Nachkriegsleid in der Stadt ein wenig Ablenkung in die Tristesse bringt. Es ist der bescheidene Beginn eines Hamburger Gesellschaftskreises, der später einmal mit dem Namen »Bei Paul und Gisi« in aller Munde sein wird, nicht nur in Hamburg.

Paul L'Arronge entstammt einer Hugenottenfamilie, die sich einst an der Elbe niedergelassen hat. Als junger Mann, Sohn eines ehrbaren Kaufmanns, zieht es ihn zur christlichen Seefahrt, er will über die Meere fahren und wünscht sich nichts sehnlicher, als eines Tages das Kapitänspatent machen zu können. Doch er muss seinen Traum begraben und an Land bleiben. Der Arzt stellt bei ihm ein etwas unterentwickeltes Herz fest, deshalb kann er ihm die Seemannstauglichkeit nicht attestieren. Der schlanke und hochgewachsene Paul wendet sich stattdessen dem Süßen zu. Er wird Zuckerbäcker und reist, seinem einstigen Wunsch folgend, als Passagier mit dem Schiff nach Amerika, wo er sich weiterbildet. Er kehrt nach Europa zurück und erlernt die

Sahnehäubchen der Zuckerbäckerei in Spanien, Frankreich, Italien, in der Schweiz und in Holland. Der junge Weltmann des Konditoreiwesens, bald wieder in Deutschland, besteht in Wolfenbüttel seine Meisterprüfung. Seine Devise ist Selbständigkeit, sein eigener Herr möchte er sein. Paul L'Arronge kauft sich 1932 in der Dammtorstraße 13 einen kleinen Eisladen, baut ihn zu einer Konditorei aus und schmückt sie mit dem schwungvollen und selbstentworfenen Schriftzug »L'Arronge«. Paul L'Arronge führt sein Geschäft nach der jahrhundertealten Regel des ehrbaren Kauf-

Das Café L'Arronge Anfang der fünfziger Jahre in der Dammtorstraße. Die Blütezeit der Konditorei hat begonnen. Hier einzukehren wird für viele Hamburger bald zu einem Ritual.

Gisi tingelt durch Westdeutschland. Im Juni 1954 engagierte sie der Westdeutsche Rundfunk für einen Auftritt in der Sendung »Frankfurter Wecker«. Ihr zur Seite zwei Große des Fernsehens: Hans-Joachim Kulenkampff, bald nur noch »Kuli« (rechts), und der Produzent Hans-Otto Grünefeld.

manns in der Hansestadt: *Am Tage mit Lust nur solche Geschäfte zu machen, die einen in der Nacht ruhig schlafen lassen, ein Wort ist wie ein Handschlag, hart verhandeln, pünktlich liefern und sauber abrechnen.*

Die Konditorei, nahe der Flaniermeile Jungfernstieg, macht sich mit der Zeit einen Namen. Als Paul L'Arronge eines Tages in der Mitte der dreißiger Jahre dem bekannten Tanzkapellenleiter Barnabás von Géczy aus Berlin begegnet und sich bald mit ihm anfreundet, steht für den Hamburger Konditor fest, dass zu seiner künftigen Stammkundschaft auch Künstler gehören sollten. Er fühlt sich von ihnen nicht nur angezogen, sie würden auch das Ansehen seines Unternehmens heben. Mit dem ungarischen »Paganini des Fünf-Uhr-Tees«, wie Barnabás von Géczy genannt wird, kommt Paul L'Arronge auf diese treffliche Geschäftsidee, die sich aber erst viele Jahre später auszahlen sollte – ein furchtbarer Krieg kommt dazwischen.

Paul L'Arronge und Gisela Griffel begegnen sich zwei Jahre nach Kriegsende zum ersten Mal in einem Hamburger

Eine Schallplattenwerbung aus dem Jahre 1955 mit Gisela Griffel für den Titel »Toujours l'amour« aus dem deutschen Film-Lustspiel »Ball im Savoy« mit Rudolf Prack und Nadja Tiller.

Künstlerbüro. Die Sängerin des leichteren Musikgenres ist auf der Suche nach einem neuen Angebot, sie betritt die Agentur und sieht zwei Herren im Gespräch. Der eine ist der Künstlervermittler und der andere ein Gast, den Gisela nicht kennt. Er stellt sich vor: »Gestatten, Paul L'Arronge!« Sie sprechen über dies und das und kommen schnell auf gemeinsame Interessen. Gisela erzählt, dass sie als junges Mädchen gern fischen gegangen sei. »Sie fischen? Das ist ja für eine junge Dame ungewöhnlich. Ich bin auch ein begeisterter Fliegenfischer.« Die beiden verabreden sich auch gleich, zu zweit auf einen Fischzug mit Rute und Rolle zu gehen. Es folgen weitere gemeinsame Ausflüge an die Gewässer rund um Hamburg. Nach drei Monaten sind Gisela Griffel, die Sängerin, und Paul L'Arronge, der bekannte Konditor, ein Paar. Aber geheiratet

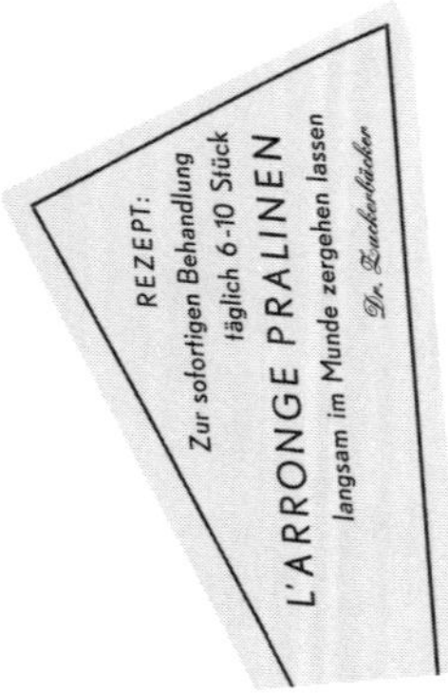

wird erst zehn Jahre später. Gisela: »Die in Pauls Geschäft haben alle geglaubt, dass wir längst verheiratet sind, auch viele unserer Stammgäste. Wir haben mit der Hochzeit aus steuerlichen Gründen gewartet. Er hatte sein Einkommen und ich das meine, eine gemeinsame steuerliche Veranlagung wäre uns zu teuer gekommen.«

Für die Liebe im damaligen Nachkriegs-Hamburg bleibt Gisela und Paul noch nicht viel Zeit. Er muss sich von morgens bis in die Nacht um seine Konditorei L'Arronge kümmern, die er seit 15 Jahren besitzt. Erst mit der Währungsreform am 20. Juni 1948 und dem Anfang der D-Mark-Zeit kommt langsam der alte Schwung in die Konditorei zurück, alles ist wieder zu haben, die feinsten Zutaten in alter Qualität. Paul sammelt bei Wettbewerben und auf ersten Ausstellungen Goldmedaillen ein, und er schickt seine Spezialitäten Baumkuchen und Stollen bis nach Amerika an alte Kunden, die einst vor den Nazis nach Übersee geflohen waren. Seine verkaufsfördernde Philosophie für alle, die Sorge um ihre Linie haben, lässt seine Kunden schmunzeln: »Süßigkeiten machen nicht dick, im Gegenteil, sie halten schlank, weil sie gründlich den Appetit auf anderes verderben.«

Paul und seine Konditorei, Hamburg und die westlichen Zonen Deutschlands stehen nun auf der ersten Stufe einer Treppe, die bald zum deutschen Wirtschaftswunder führt.

Die Dekoration des Schaufensters seiner Konditorei war für Paul L'Arronge Chefsache.

ZWEI FLASCHEN WHISKY FÜR DIE BRITEN

Wann wird es wieder aufwärtsgehen? Paul L'Arronge muss mit seiner Konditorei harte Zeiten durchstehen. Noch zwei Jahre nach Kriegsende wagt es kein Mensch, an Torten, Pralinen und edles Marzipan zu denken. Das reichhaltige Sortiment an Vorräten im Souterrain der Konditorei ist bis auf ein paar kleine Reste geschmolzen. Würde es jemals wieder sein wie vor dem Kriege?, fragen sich die Hamburger, auch Paul L'Arronge. Seine Stadt leidet unter einem unvorstellbaren Mangel, der alles und jeden im Lande beherrscht. Schuttberge, Ruinenlandschaften und der tägliche Kampf um Nahrungsmittel machen es den Menschen schwer zu glauben, das Dasein könnte irgendwann wieder lebenswert sein. Nicht allein die materiellen Verluste drücken auf die Seelen. Wie eine unsichtbare Dunstglocke liegt die Trauer um 118 000 tote Hamburger, die der Krieg gefordert hat, über dieser Stadt. Eine Million Menschen sind obdachlos. Die Luftangriffe auf Hamburg waren neben denen auf Dresden, Tokio und Hiroshima die schwersten des Zweiten Weltkrieges.

Der Hamburger Schriftsteller Wolfgang Borchert schreibt gleich nach der Kapitulation: *»Mehr, mehr als ein Haufen Steine! Das ist Tod und Leben, Arbeit, Schlaf, Wind und Liebe, Tränen und Nebel. Das ist unser Wille zu sein, Hamburg!«*

Wolfgang Borchert ist 26 Jahre alt, als sein Drama *Draußen vor der Tür* in einer Hörspielfassung im Radio gesendet wird. Es erschüttert die Menschen, weil sich viele darin wiedererkennen. Es ist die Geschichte des Hamburger Soldaten Beckmann, der abgemagert, von dem Erlebten tief gezeichnet, in einer zerlumpten Wehrmachtsuniform in das zerstörte Hamburg zurückkehrt und sich in dieser Trümmerlandschaft, der sichtbaren und der unsichtbaren in den Seelen, nicht mehr zurechtfindet. Mit diesem Stück setzt der junge Autor der frühen deutschen Nachkriegsliteratur ein erstes Denkmal. Für Millionen Schüler wird es in den kommenden Jahren zur Pflichtlektüre. Am Vorabend der Premiere seines Dramas als Bühnenfassung in den Hamburger Kammerspielen, am 20. November 1947, stirbt Borchert an den Folgen seiner Verletzungen und Krankheiten, die er an der Ostfront erlitten und in die Heimat mitgebracht hat.

Zu denen, die nach dem großen Unglück weiterleben und neu anfangen können, gehört Paul L'Arronge. Noch einmal laufen die letzten Jahre wie ein Filmstreifen in seinem Kopf ab: Nach Ausbruch des Zweiten Weltkrieges muss Paul die Geschäftsführung an eine seiner Mitarbeiterinnen übergeben, weil er zur Wehrmacht eingezogen wird. L'Arronge kommt an die Ostfront, erleidet einen Schulterschuss. Sein Kriegseinsatz endet im Lazarett, 1943 wird er in die Heimat entlassen. Die verbleibenden zwei Jahre bis Kriegsende sind für ihn wie für Millionen andere eine Zeit des Bangens und Hoffens, Tag für Tag und Nacht für Nacht –

wird seine Existenz im Bombenhagel untergehen, oder werden ihn die Feuersbrünste verschonen? Endlich kam dann die Stunde der Gewissheit: Sein Geschäft in der Innenstadt ist von keiner Bombe getroffen worden.

Wenige Tage nach der deutschen Kapitulation öffnet er seine Konditorei wieder, die aber nicht mehr hergeben kann, was der Name verspricht. Auch die Kundschaft ist im Kampf um das tägliche Brot bescheiden geworden. Wer seine Teigwaren an der Ladentheke kauft oder bei ihm »endlich mal wieder ein Stück Kuchen« essen möchte, muss sich Brotmarken von der Lebensmittelkarte abschneiden lassen. Die Zuteilungen für jeden Hamburger reichen mal eben, um überleben zu können.

Paul L'Arronge hat diese Zeit nie vergessen. Auch als sich die Menschen das Wunder des neuen Wohlstandes zu erwirtschaften beginnen, drängt es ihn, seinen Freunden immer wieder von jenen Stunden zu erzählen, als alles aus war. Er wohnt in der Hallerstraße 6, als am 4. Mai 1945 der Zweite Weltkrieg in Hamburg zu Ende geht. Auf den Straßen herrscht eine vollkommene Leere. Kein Mensch ist zu sehen, nicht ein einziges Auto fährt. Die Bewohner der nicht zerstörten Häuser stehen stumm hinter den geschlossenen Fenstern und starren auf die Straße in Erwartung der britischen Sieger. Es ist ein totales Ausgehverbot befohlen worden. Paul fasst sich ein Herz. Er will unbedingt zu seiner Konditorei. Er geht geduckt an den noch stehenden Hauswänden entlang in die Dammtorstraße. Es ist eine unheimliche Situation für ihn, allein in der schwer zerstörten Millionenstadt unterwegs zu sein, keinen Laut zu hören und keinem Menschen zu begegnen. Er schleicht sich von Hauswand zu Hauswand seinem Ziel entgegen. Schon von weitem dann sieht Paul einen britischen Panzer genau vor seinem Geschäft stehen. Er verlangsamt seine Schritte, fingert vorsichtig und mit pochendem Herzen vor Aufregung, um keinen Verdacht auf sich zu ziehen, die Schlüssel aus der Jackentasche und schließt, mit dem Rücken zum Panzer, die Tür seines Geschäftes auf. Paul steigt in den Keller hinab und holt aus seinem Lager zwei Flaschen Whisky, die einzige Kostbarkeit, die ihm in den Vorratsregalen geblieben ist, geht wieder hinauf vor die Tür seines verwaisten Cafés und lächelt die beiden Panzerfahrer an. Sie lächeln zurück, obwohl der britische Oberbefehlshaber seinen Soldaten befohlen hat, die Besiegten nicht zu beachten. Paul hält die beiden Whiskyflaschen hoch, spricht die Soldaten auf Englisch an und bittet sie, doch bald abzurücken, denn er möchte seinen Laden wieder aufmachen, das Leben müsse doch weitergehen.

Der Konditor hat Glück. Die beiden Engländer grinsen, nicken sich zu, starten den Panzermotor und fahren davon. Für Paul L'Arronge ist das ein zaghaftes Zeichen, dass die Stunde null für ihn vorbei ist.

Paul kehrt in seinen Laden zurück, verschafft sich einen ersten Überblick, zählt die kläglichen Reste der Vorräte, räumt auf und denkt nur noch darüber nach, ob es bald wieder so etwas wie eine Zukunft für sein Café L'Arronge geben wird. Er wirft einen traurigen Blick auf den verwaisten Stammtisch und träumt davon, dass vielleicht wieder seine Freunde an ihm Platz nehmen werden – wer von ihnen wird überlebt haben und wer nicht?

Am Abend schleicht sich Paul wieder nach Hause. Er beobachtet erstes Leben in den Häusern und Bewegungen auf den Straßen – nur Engländer, Militärpolizei, Panzer, Armeelastwagen, schwer bewaffnete Soldaten, erste Hinweisschilder in Englisch werden aufgestellt. Immer wieder muss er sich in einem Hauseingang verstecken, aus Angst, erwischt zu werden. In den wenigen nicht zerstörten Häusern hat die Lähmung in diesen Schicksalsstunden ein Ende. Die Bewohner gehen in ihre Keller, räumen auf und holen alles wieder nach oben in die Wohnungen, was sie während der jahrelangen Bombardierungen nach unten in Sicherheit gebracht haben. Die Stadt erwacht langsam zu neuem Leben, und allmählich wird ihren Bewohnern klar: Es ist ein anderes Leben – ohne Nazis. Es ist die Befreiung von ihnen!

Am Morgen des 9. Mai hört Paul von der Proklamation des Oberbefehlshabers der britischen Truppen, Feldmarschall Montgomery: *»Die Anordnung an Zivilpersonen, in den Häusern zu bleiben, ist in dem Gebiet von Hamburg aufgehoben mit der Einschränkung, daß niemand sich mehr als fünf Kilometer von seiner jetzigen Wohnstätte entfernen oder ein Fahrrad benutzen darf, ohne im Besitz einer von einem Offizier der Militärregierung unterzeichneten Ausnahmebescheinigung zu sein.«*

Die Läden in der Stadt dürfen wieder öffnen. Nur die Konditoreien, die ausschließlich Süßes verkauft haben, müssen vorerst geschlossen bleiben. Da Paul L'Arronge aber immer auch warmes Essen serviert hat, kann er sein Geschäft sofort wieder öffnen.

L'Arronge – den eleganten Schriftzug und Markennamen seines Unternehmens hat der Konditor selbst entworfen.

EDUARD RHEIN, DER PLÄNESCHMIED

Als Paul und Gisela sich kennenlernen, ist der Krieg schon zwei Jahre vorbei. Aber das Elend der ersten beiden Friedensjahre, in denen die Menschen hungern mussten, ist nicht vergessen. Im August 1945 hatte die Wochenration für »Otto Normalverbraucher«, eine Figur, die der Schauspieler Gert Fröbe später in einem der ersten deutschen Nachkriegsfilme so glänzend und eindrucksvoll verkörpert hat, aus 150 Gramm Fleisch, 100 Gramm Fett, 200 Gramm Zucker, 2500 Gramm Kartoffeln, 100 Gramm Marmelade, 7/8 Liter Magermilch, 15 Gramm Käse, 1700 Gramm Brot und 125 Gramm Nährmitteln bestanden. Noch viel schlimmer als die Versorgung mit Lebensmitteln ist die Wohnungsnot. Im letzten Friedensjahr hatte jeder Hamburger im statistischen Durchschnitt 13,6 Quadratmeter Wohnfläche für sich, sechs Jahre danach sind es nur noch 8,3 Quadratmeter und 1949 sogar nur noch 5,4 Quadratmeter, weil inzwischen viele Flüchtlinge zwangsweise einquartiert werden müssen.

Im harten Winter 1946/47 erfrieren 100 Hamburger in ihren Behausungen, die letzten Kohlen und das restliche Holz sind verfeuert, die Öfen bleiben kalt. Und doch beginnt sich an diesem Tiefpunkt des Nachkriegsdaseins das politische Leben wieder vorsichtig zu regen. Hamburger Sozialdemokraten, die das Grauen und die Verfolgung Andersdenkender in der NS-Zeit überlebt haben, kennen nur einen Mann, dem sie zutrauen, Hamburg wieder in eine bessere Zukunft zu führen. Es ist Max Brauer, der vor der Hitler-Zeit Bürgermeister von Altona war. Als die Nationalsozialisten die Macht ergriffen hatten, war er über China nach Amerika geflohen. Schon vor Kriegsende prägte er das Wort von dem »Bunkerdasein«, aus dem das deutsche Volk wieder herausgeführt werden müsse. Und jetzt schrieben ihm seine alten Parteifreunde: »Wir brauchen Dich hier dringend in wichtigen Funktionen.« Brauer kehrt 1946 in seine alte und zerstörte Heimat zurück. Er legt sein amerikanisches Bürgerrecht ab, nimmt wieder die deutsche Staatsangehörigkeit an und wird bald Erster Bürgermeister von Hamburg.

Ein junger Wirtschaftswissenschaftler namens Karl Schiller zeichnet in dieser Zeit ein düsteres Zukunftsbild von Hamburg. Erst in 35 bis 40 Jahren wird Hamburg wieder aufgebaut sein, schreibt er. Schon am Ende seines ersten politischen Amtes als Wirtschaftssenator im Jahre 1953 muss Schiller eingestehen, sich geirrt zu haben. Den erstaunlichen Willen der Menschen, das geschlagene und ruinierte Land schnell wieder aufzurichten, hat er, wie viele andere auch, unterschätzt. Als Karl Schiller 1966 Minister der Großen Koalition unter Georg Kiesinger wird, hat Hamburg längst neu zu blühen begonnen.

Am Anfang nach dem Zusammenbruch ist für die Menschen nur das Heute entscheidend. Wer denkt schon an Morgen, gar an die Zukunft? Und doch sind welche unter ihnen, die sich nicht alle Illusionen haben nehmen lassen, die endlich die Freiheit kommen sehen, wieder Pläne schmieden und andere mit sich ziehen. Einer von ihnen ist Eduard Rhein, der so alt ist wie das Jahrhundert, ein genialischer Mann, der viele Talente hat. Er ist Physiker, Schriftsteller, Journalist, Erfinder und vor allem ein ideenreicher Pläneschmied. Er glaubt in dieser düsteren Zeit daran, dass es immer eine Zukunft geben muss, egal was geschehen ist. Eduard Rhein kommt 1946 nach Hamburg und trifft sich mit dem künftigen Zeitungszaren Axel Caesar Springer. Sie verhandeln über journalistische und verlegerische Pläne. Rhein und seine Begleiter haben aber für Hamburg noch keine Lebensmittelkarten. »Müssen wir hungern?«, fragen sie Rhein. Einer hat eine Idee. »Wir gehen zu L'Arronge, den kenne ich, da gibt's immer was zu essen, der streckt uns ein paar Brotmarken vor.« Später wird sich Eduard Rhein immer wieder gern an seinen Hamburger Einstieg erinnern und darüber schreiben.

Der Begleiter von Rhein berichtet, dass das Café gegenüber der schwer beschädigten Staatsoper bei vielen Künstlern beliebt ist. Auch Max Schmeling und Springer seien dort Stammgäste. Jetzt hält Rhein nichts mehr: »Dann nichts wie hin!« Er empfindet den Besuch bei Paul L'Arronge und das Wiedersehen mit Max und Anny Schmeling, die er beide schon aus der Berliner Vorkriegszeit kennt, als das Ende des »Verlorenseins« in Hamburg. Die Konditorei L'Arronge wird nun auch Rheins Stammlokal. Für eine Fünfzig-Gramm-Brotmarke konnte man sich bei Paul mittags satt essen, schwärmt Rhein später in seinen Erinnerungen an die Startzeit in Hamburg. Eduard Rhein und Axel Springer kommen sich in jenen Stunden des Wiederbeginns mit ihren Vorstellungen immer näher, mal reden sie stundenlang über gemeinsame Pläne bei Paul L'Arronge in der Konditorei, mal in Springers Büro. Dann, am 15. Dezember 1946, liegt das Ergebnis vor. Die erste Nummer der Funkzeitschrift *HÖR ZU* ist im Handel, ein dünnes Heft mit nur zwölf Seiten. Aber es ist ein Anfang, und das unter den schwierigsten Bedingungen. Immer wiederkehrende Stromsperren oder unzureichende Papierlieferungen verzögern und erschweren das Erscheinen dieser Zeitschrift. Bald aber läuft es rund unter dem Chefredakteur – und der ist Eduard Rhein. Lange 20 Jahre steht er an der Spitze der *HÖR ZU*. Er schreibt mit ihr eine der beeindruckendsten Erfolgsgeschichten auf dem nachkriegsdeutschen Pressemarkt. Er macht die *HÖR ZU* mit 4,5 Millionen Auflage zur größten Zeitschrift Europas und legt damit das finanzielle Fundament für Axel Springer, sein mächtiges Zeitungshaus in Hamburg und später in West-Berlin zu errichten.

Über Eduard Rhein wird die Hamburger Wochenzeitung *Die Zeit* bald schreiben: »Er war der Mann, der Springer reich machte«, aber nicht nur ihn, den Verleger, auch für sich selbst schuf er ein großes Vermögen durch Ideenreichtum und Fleiß. Neben all seiner Arbeit in der Redaktion schrieb er Sachbücher und Romane. Seinen berühmten Fortsetzungsroman *Suchkind 312*, den er Anfang der fünfziger Jahre unter dem Pseudonym Hans-Ulrich Horster schrieb, wurde von Millionen Lesern verschlungen und später zweimal verfilmt. Rhein traf mit diesem Stoff gleich nach dem Kriege den Nerv der Zeit: die Suche nach Tausenden von Kindern, die in den Wirren der letzten Kriegsmonate auf der Flucht von den Eltern getrennt wurden.

Für die erste Ausgabe des Jahres 1956 ist Gisela Griffel das Titel-Girl der Rundfunk- und Fernsehzeitschrift *HÖR ZU*. Sie wünscht allen Lesern ein gutes neues Jahr. Viele Künstler haben damals davon geträumt, einmal auf den Titel dieser Zeitschrift zu kommen.

DIE NERZ-AFFÄRE

Die junge Nachkriegswelt sucht Zerstreuung, soll den Menschen Ablenkung vom harten Alltag bringen. Die hohe Zeit süßlicher Schlager hat begonnen, und Gisela Griffel, seit der Trennung von Schwester Ingeborg ein singender Single, tingelt durch halb Westeuropa. Paul L'Arronge, von morgens bis spätabends in seiner Konditorei, hat sich damit abgefunden, dass seine Partnerin nicht immer nur bei ihm sein kann. Sie tritt in Mailand auf, bekommt ein Angebot von Telefunken für Schallplattenaufnahmen, steht auf den Orchesterbühnen zwischen München und West-Berlin und »gastiert« auch in der heimatlichen Hamburger Musikhalle. Giselas musikalische Partner sind die beliebten und großen Tanzorchester, die unvergessen sind: Franz Thon, Alfred Hause, Harry Hermann und Paul Kuhn, mit dem sie in Berlin mehrmals auftritt und der bis ins hohe Alter als Swing-Legende die Konzertsäle füllt. Es folgen Tourneen in Italien, Dänemark und Belgien. In Brüssel macht sie erstmals mit dem neuen Medium Fernsehen Bekanntschaft. Gisela lernt dort ihren späteren Manager Bunny Lewis aus England kennen. Er bringt sie 1952 nach London ins britische Fernsehen, vor dessen Kameras sie in den folgenden acht Jahren regelmäßig erscheint. Mindestens zehnmal im Jahre reist Gisela von Hamburg nach England zu Fernsehaufnahmen. Sie singt Chansons und Schlager. Pro Auftritt gibt es 300 Pfund und als Zugabe ein Zimmer im berühmten Londoner Hotel Savoy. Sie wird populär. Wenn Gisela von Hamburg nach London fliegt, sitzt sie nur selten in der Passagierkabine, sondern meistens vorn bei den englischen oder deutschen Piloten. Denn viele von ihnen kennen Gisela aus dem heimischen Fernsehen und laden sie während des Fluges zu sich ins Cockpit ein – heute ein unvorstellbares Privileg.

Presseball in Hamburg 1953 – welch ein Aufgebot an Stars. Neben dem Dirigenten Harry Hermann (links), Paul und Gisi, Max Schmeling, vor ihm die entzückende Schauspielerin Ingrid Andree, neben ihr die umschwärmte Liselotte Pulver und der Regisseur Helmut Käutner.

Daily Mirror
MON. MAR. 4 1957
2d FORWARD WITH THE PEOPLE

SHE GROWS HER OWN MINK . . .!

LOST BABY FOUND

A TWENTY-DAY-OLD baby girl missing for nearly thirty hours was found late last night—SAFE AND WELL.

EARLY TODAY SHE WAS REUNITED WITH HER PARENTS.

Police all over the North of England had been searching for 7lb. 10oz. Jane Hardcastle since she disappeared from her pram outside a store in a busy street in Halifax, Yorks, on Saturday afternoon.

'We Waited So Long . . .'

Continued on Back Page

ENGINEERING WORKSHOP PRACTICE
ENTIRELY NEW EDITION
COMPLETELY UP-TO-DATE
FREE INFORMATION BUREAU
Some of the Contents
FULLY ILLUSTRATED
SEND TODAY FOR FREE PARTICULARS

LOVELY German singer Gisela Griffel is pictured after her arrival in London yesterday to keep a TV date.
She appears in the B.B.C. show "Off the Record" tonight. Gisela says she has so many mink coats she has lost count. Could be. . . . She owns a mink farm!

In der einst größten Boulevardzeitung der Welt, im Londoner *Daily Mirror*, landete die zu Fernsehaufnahmen angereiste Gisi 1957 auf dem Titelblatt. Sie hätte in Deutschland eine Nerzfarm und würde immer ihre eigenen Nerze tragen, schrieb der Reporter. Doch die Nerz-Affäre wurde schnell beigelegt.

Giselas englischer Manager Bunny Lewis schickt eines Tages einen englischen Journalisten zu ihr nach Hamburg. Er soll eine Reportage über die deutsche Künstlerin schreiben. Gisela und Paul empfangen ihn in der Konditorei in der Dammtorstraße. Mit dabei ist Pauls langjähriger Freund Max Schmeling. Der einstige Boxweltmeister und seine Frau Anny Ondra, ständige Gäste bei L'Arronge, züchten vor den Toren Hamburgs Nerze. Schmeling lädt den Engländer ein, sich die Nerze doch mal anzusehen. Der fährt tags darauf in Begleitung von Gisela zur Nerzfarm. Eine Woche danach fliegt Gisela zu einem neuen Auftritt nach London, und gleich bei der Ankunft iam Flughafen wird sie marktschreierisch von der damals größten Zeitung der Welt, dem *Daily Mirror*, empfangen: die deutsche Sängerin als übergroßes Titelbild. Im Text heißt es: »Diese Hamburger Schlagersängerin weiß nicht einmal, wie viele Nerzmäntel in ihrem Kleiderschrank hängen. Diese Vergesslichkeit ist leicht zu erklären: Gisela hat nämlich eine eigene Nerzfarm!« Die *Bild-Zeitung* in Hamburg greift den Bericht auf und korrigiert die Geschichte: »Irrtum, Daily Mirror! Gisela trägt zwar einen Nerz, hat aber noch nie einen Nerz großgezogen. Ihr Nerz stammt nämlich aus der Nerzfarm des Ehepaares Schmeling, mit dem Gisela eng befreundet ist. Aber nichts für ungut, Daily Mirror! Gisela ist Euch bestimmt viel, viel lieber als alle Nerze der Schmeling-Farm!«

Wie dankbar Gisela über diese Richtigstellung ist, kann sie dem *Bild*-Verleger Axel Springer bald selber sagen, in Pauls Konditorei – wo sonst? Wie kam es dazu, die Sängerin im *Mirror* auch als Nerzzüchterin mit einer Menge Pelzen im Schrank vorzustellen? Das kann sich Gisela auch nicht erklären: »Vielleicht hat der Londoner Journalist schlecht Deutsch verstanden. Oder er mogelte, damit die Geschichte interessanter wird.«

Gisela ist jetzt voll im Musikgeschäft. Sie schließt mit der Plattenfirma Telefunken den vereinbarten Vertrag, wird in der Presse »Sweetsängerin« genannt, und die englischen Boulevardzeitungen kündigen sie als »German Glamour Girl« an, wenn sie wieder in London im Fernsehen auftritt. Rom, Brüssel, Kopenhagen, Amsterdam kommen hinzu – sie ist gefragt. Mit dem bekannten »Mann am Klavier« und

Tanzorchester-Chef Paul Kuhn reist sie für viele Gesangsaufnahmen nach Berlin. Ihre deutschen Titel spiegeln den Geist jener Jahre wider, sie sind harmlos und gefühlsüberladen. Sie heißen: »Bleib bei mir …«, »Anneliese«, »Millionen warten auf Liebe«, »Immer wenn's am schönsten ist«. Mit dem Schlager »Ich möchte so gern nach St. Pauli gehen« hat sie ihren größten Erfolg, sogar in Skandinavien. Gisela erhält die Einladung eines dänischen Veranstalters nach Kopenhagen, sie singt ihr Hamburg-Lied, und die Zuhörer jubeln ihr zu. Denn die Dänen sind begeisterte Hamburg-Besucher, und alle haben immer dasselbe Ziel in den Augen, die sündigste Meile, die sie kennen, die »Reeperbahn« auf St. Pauli.

Die fünfziger Jahre gehen dahin, und am Ende schließt Gisela ihr Schlager-Kapitel. Ihr Leben mit Paul und der Konditorei in Hamburg ist ihr wichtiger geworden.

GRETHE WEISER TAUSCHT LINSEN GEGEN KAFFEE

Das Café L'Arronge wächst Gisela ans Herz und gehört bald zu ihrem Lebensinhalt. Ihre Karriere als Künstlerin der leichten Muse hat sie abgeschlossen. Für Paul ist damit die Zeit gekommen, »Frau Gisela Griffel, die Sängerin« seinen Stammgästen und dem Personal der Konditorei als »die Frau an meiner Seite« vorzustellen. Das Etablissement hat inzwischen schon einen großen Namen. Paul nimmt Gisela in den Arm und sagt: »Liebe Gisi, du brauchst hier nicht zu arbeiten, nimm, wenn du kommst, an unserem Stammtisch Platz und unterhalte unsere Freunde.« Damit taucht sie in den großen Freundeskreis ihres Mannes ein und wird herzlichst aufgenommen. Eine illustre Runde ist es geworden und für sie eine Namenspremiere: Von nun an heißt sie nicht mehr Gisela, sondern nur noch kurz und als Ausdruck freundschaftlicher Vertrautheit »Gisi«.

Max Schmeling und seine Frau Anny Ondra, Heinz Rühmann und Hertha Feiler und Willy Fritsch und auch Grethe Weiser gehören zu den treuen Gästen des Zuckerbäckers der Prominenz. Grethe, 1903 mit dem bürgerlichen Lang-Namen Mathilde Ella Dorothea Margarethe Nowka ins Geburtsregister eingetragen, schließt Gisi schon bald ins Herz und weiht die neue Freundin in ihre eigene Namensgeschichte ein. Schon als junges Mädchen träumte sie von der

Nach einem Besuch bei L'Arronge schickt die Weiser aus Berlin ihren Freunden in Hamburg ihr Foto mit dieser Widmung: »Meinem Paul, dem liebsten Freund, den ich in Hamburg fand! Grethe, Juni 1950«.

Schauspielerei, doch ihr war auch bewusst, dass für »eine Nowka« mit vier Vornamen der Weg in die junge Filmwelt und ans Theater beschwerlich sein könnte. Von ihren Namensnöten wurde sie befreit, als sie sich, erst 17 Jahre alt, in den Wiener Kaufmann Josef Weiser verliebte, ihn heiratete und damit Weiser hieß. Bei dieser Gelegenheit ließ sie auch gleich ihren vierten Vornamen Margarethe in Grethe verkürzen. Daraus wurde dann im Laufe der Jahre »die Grethe Weiser«, vom Publikum bald bissig-herzlich »Berliner Kodderschnauze« tituliert. Eine urkomische, verrückte Nudel ist sie, umtriebig und unkonventionell.

Gisi lernt schnell die ganze Lebensgeschichte Grethes kennen, deren Tagesablauf immer prall war: Vormittags stand sie vor der Filmkamera, nachmittags dann eine Schallplattenaufnahme, und abends spielte sie Theater. Das hält keine Ehe aus. So ging Grethes Ehe nach der Geburt ihres Sohnes bald wieder auseinander. Anfang der dreißiger Jahre verliebte sie sich in den Juristen, Drehbuchautoren und Filmproduzenten Hermann Schwerin, den sie aber erst 24 Jahre später heiratet. Mit ihm kommt Grethe im Sommer 1950 nach Hamburg, um mit ihrer Freundin und Kollegin Ida Ehre das Theaterstück »Kuckucksei« zu spielen. Nach einer Probe erscheint sie zur Verwunderung aller Stammtischgäste in der Konditorei mit einem Sack Linsen auf dem Rücken. Sie bittet Paul L'Arronge, ihr dafür Bohnenkaffee zu geben. Paul, liebenswürdig wie immer, geht sofort auf dieses Angebot ein und versorgt sie mit dem Gewünschten. Seitdem ist Paul ihr »liebster Freund in Hamburg«. Die Künstlerin schreibt diesen Satz auf ein Foto von sich.

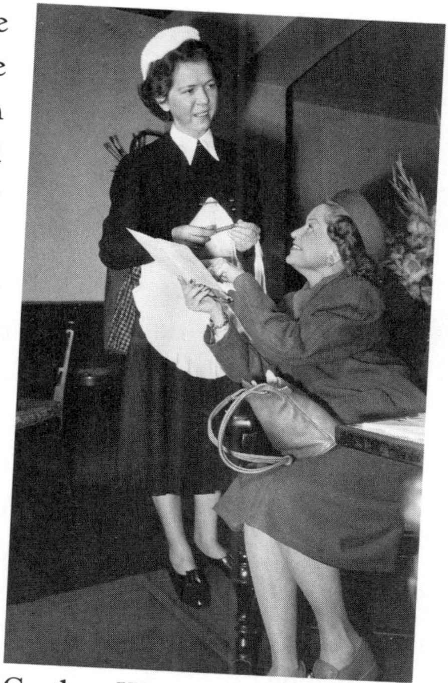

Grethe Weiser, liebevoll die »Berliner Schnauze« genannt, ist immer Gast im Café L'Arronge, wenn sie zu Dreharbeiten nach Hamburg kommt.

Gisi L'Arronge bewundert Grethe Weiser, weil sie so offen und gescheit ist und so witzig, wenn sie allen am Stammtisch erzählt, sie würde ihren vielen Schmuck in einem Eimer aufbewahren. Grethe ist eine Unterhaltungskanone und ausgestattet mit einem Fundus an Witzen. Taucht ein neues Gesicht am Stammtisch auf, greift sie in die »Kiste«:

»Ein Autofahrer, der zu schnell fährt, wird von der Polizei gestoppt. Ehe der Wachtmeister etwas sagen kann, ruft ihm eine neben dem Fahrer sitzende Frau mit keifender Stimme zu: ›Brummen Sie ihm ruhig die Höchststrafe auf! Seit Jahren predige ich ihm: Fahre langsam, biege nicht so schnell um die Ecke, tritt nicht so hart auf die Bremse …‹

Fragt der Polizist: ›Ist das Ihre Frau?‹

Traurig nickt der Autofahrer.

Der Polizist klappt sein Notizbuch zu und sagt milde:

›Fahr weiter, Bruder!‹«

Grethe Weiser, die bald zum Kern der Hamburger Café-Runde gehört, beeindruckt Gisi besonders wegen ihres Könnens als Schauspielerin: »Wenn Grethe gemeinsam mit anderen Partnerinnen auftrat, war sie doppelt so gut wie die anderen, sie spielte sie alle an die Wand.«

Die Weiser hat eine Wohnung in Lugano, im Schweizer Tessin. Sie lädt ihre Hamburger Freunde ein, sie doch mal dort zu besuchen. Paul und Gisi fahren hin. »Zu Mittag gab es Kohlrouladen«, Gisi amüsiert sich darüber, »für diese Gegend ein nicht gerade typisches Gericht.« Zwei Monate nach diesem unbeschwerten Treffen sind Grethe Weiser und ihr Mann nicht mehr am Leben. Sie sterben bei einem Autounfall am 2. Oktober 1970 in Bad Tölz. Gisi und die

Hamburger Schauspielerin und Theaterleiterin Ida Ehre fliegen zur Beisetzung auf dem Friedhof Heerstraße nach Berlin. Gut 5000 Berliner sind zum Abschied gekommen. Die Frau mit »Herz und Schnauze« hinterließ mehr als 100 Filme, das Bundesverdienstkreuz und eine Briefmarke der Serie »Frauen der deutschen Geschichte«.

Ida Ehre, für die Hamburger achtungsvoll »die Ehre«, gehört schon seit Jahren zum Stammtisch bei Paul L'Arronge. Ihn spricht sie nur mit »Paulitschko« an. Für Gisi ist sie »ein Engel«, der seit den Fünfzigern oft mit alten jüdischen Freunden in der Dammtorstraße einkehrt. Das sind auch die Jahre, in der sich gegenüber der Konditorei viel ereignet. 1953 wird das Gemäuer des im Krieg zerstörten Vorderhauses der Hamburger Staatsoper abgerissen und ein neues Zuschauerhaus gebaut. Paul L'Arronge kann den neuen Glanzpunkt des Hamburger Kulturlebens kaum erwarten. Mehr Opernplätze heißt mehr Besucher, die vor und nach einer Aufführung noch einen Imbiss bei ihm nehmen können, und er hofft, dass auch die große Welt des Musiktheaters im »L'Arronge« sesshaft wird.

Am 15. Oktober 1955 wird das Opernhaus mit Mozarts »Zauberflöte« eröffnet. Der Neubau erregt die Gemüter der Kunstbeflissenen. Auch im Café L'Arronge diskutieren die Gäste bis in die Nacht. Die Stimmen zu Hamburgs neuem Kulturtempel schwanken zwischen »erschreckend« und »imposant«. Die geneigten Logen sähen ja aus wie »Schuhkartons«, sagen die einen. Für andere ist die architektonische

Lösung »bestürzend ungewohnt«, kein Gold, kein Plüsch und keine Säulen mehr. Doch bald beruhigen sich die erhitzten Gemüter. Die Kritik am baulichen Interieur verstummt mit der Berufung des Schweizer Komponisten Rolf Liebermann zum neuen Intendanten des Hamburger Hauses im März 1959. In seiner 14 Jahre dauernden Regie an der Elbe führt er die Staatsoper zur Weltspitze. In New York entdeckt er die große sängerische Begabung von Placido Domingo. Liebermann schlägt ihm vor, nach Hamburg zu kommen. Domingo sagt zu, er bekommt von dem Intendanten aus Hamburg einen Normalvertrag mit einem monatlichen Gehalt von 1500 Mark. Mit dem Engagement in Hamburg beginnt für Domingo eine Weltkarriere. In Liebermanns hanseatischer Opernregentschaft werden 18 Opern- und Ballettwerke uraufgeführt. In den folgenden Jahrzehnten wird rückblickend immer wieder von der »Ära Liebermann« in Hamburg geschwärmt.

Ein Urlaubsbild aus den fünfziger Jahren – die schlanke Gisi im Bikini an der südfranzösischen Küste. Paul ist der Fotograf.

Auch für die Konditorei ein paar Schritte über die Straße nur ist das eine glückliche Zeit. Paul L'Arronges Traum, auch ein Opern-café zu werden, erfüllt sich. Allabendlich kommen nach der Aufführung die Künstler aus der Hamburger Staatsoper zum kleinen Nachtimbiss. Mit dabei ist bald auch der amerikanische Bariton Lawrence Winters, der mit »Aida« 1952 in Hamburg sein europäisches Debüt hatte. Bis zu seinem Tode 1965 gehört er zum Ensemble der Staatsoper. Gisi weiß noch, wie ihn die Frauen in Hamburg umschwärmten. Nach einer »Tosca«-Vorstellung kommt er in die Konditorei, Paul begrüßt ihn und bringt ihn zum Stammtisch. Der Sänger gibt Gisi einen Kuss auf die Wange und setzt sich. Max Schmeling, der die kurze Begrüßungsszene beobachtet hat, nimmt die Freundin zur Seite und sagt ihr leise: »Vorsicht, so etwas kannst du nicht machen! Da drüben sitzen Amerikaner, die sehen so etwas nicht gern, wenn sich eine weiße Frau von einem Schwarzen küssen lässt.« Gisi sagt zu Max nur: »Ja, ja – Lawrence ist doch unser Freund, das macht doch nichts.«

Das hat ihr damaliger Freund Paul nicht gern gesehen: Gisi mit Zigarre im Jahre 1950.

Die Hamburger Opernwelt ist bei L'Arronge zu Hause. Wer in dieser Stadt gastiert, muss nach der Vorstellung mit zu Paul rüber in die Konditorei. Auch Intendant Liebermann genießt viele Abende in dem Café im Kreise seiner Balletttänzer, Sänger und Kostümbildner. Eines Abends, im März 1959, erscheinen die Künstler mit einem Weltstar: Maria Callas, die große Operndiva, umhüllt von einem langen Chinchillamantel. Im Schlepp Fotografen, Journalisten, Autogrammjäger und die vielen Verehrer der Primadonna assoluta. Gisi: »Mein Gott, unser Café drohte aus den Nähten zu platzen. Paul begrüßte den Star nach einem grandiosen Auftritt in der Musikhalle mit einer eleganten Verbeugung, öffnete den Champagner – und wir alle waren glücklich im Schatten dieser Frau.«

Eine Freundschaft, die Jahrzehnte gehalten hat, verbindet Gisi mit der Sopranistin Anneliese Rothenberger, deren Opernkarriere 1948 in Hamburg begonnen hat. Wenn sie in Hamburg gastiert, lässt sie sich bei L'Arronge blicken. Noch heute schwärmt sie von ihrer Zeit an der Elbe und von den Erfolgen an der New Yorker Metropolitan Opera, die Amerikaner himmelten sie an. Lange nach ihrem Abschied aus der Opernwelt ruft sie Gisi an: »Ich räume gerade auf und fand ein Notenblatt von dir mit deinem Namen und einem Porträtfoto von dir. Das ist aus der Zeit, als wir beide im Rundfunk sangen. Ich schicke Dir das Blatt.« Gisi lacht: »Ich Schlager und Anneliese Operette und Oper.«

GISI, LOTAR UND DIE SPIONIN

Die »Sparte Musik« im Kreis der Ständigen bei Paul L'Arronge wird bald nach dem Krieg durch einen Mann verstärkt, der sehr schnell zu den Großen der Schlagermusik aufsteigt und dank seiner vielfältigen Talente vielleicht der Größte überhaupt wird. Es ist Lotar Olias, ein Pianist und Absolvent einer Kompositionslehre. Und er ist ein Meister des Wortspiels, eine Begabung, die er in eine kleine Gruppe von Künstlern einbringt und mithilft, das Hamburger Kabarett Bonbonniere wiederzubeleben. Olias schreibt Texte, die Musik zu Chansons und tritt selbst auf. Viele Hamburger sind glücklich, endlich wieder ein Kabarett zu haben, eines ohne jeden Maulkorb. Lotar Olias hat die erste Stufe zu einer steilen Karriere genommen. Er steigt schnell zu einem erfolgreichen Komponisten auf und ist auf dem Wege zu einem Mister Evergreen. Er bestimmt

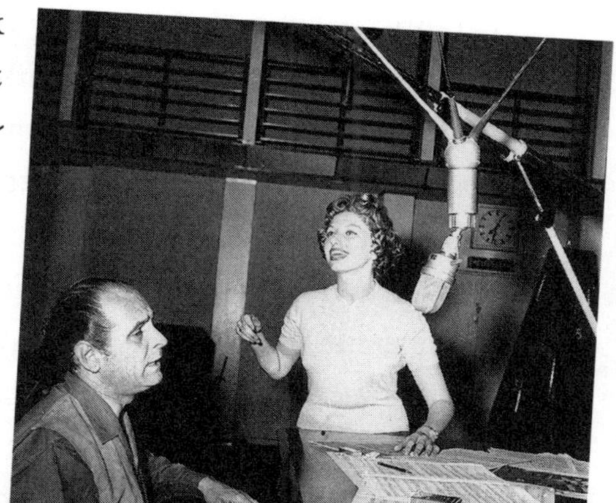

Der Komponist Lotar Olias, den Gisi sehr verehrte, bei Probeaufnahmen mit ihr Anfang der fünfziger Jahre in einem Hamburger Studio.

den deutschen Musikmarkt der fünfziger und sechziger Jahre mit. Er schreibt Lieder, Chansons, Konzertwalzer, Märsche und Musicals und die musikalische Untermalung für 40 Spielfilme. Sein Lied »You, you, you – Du, du, du, laß mein kleines Herz in Ruh«, sicher eines der schönsten von ihm, wird auch von Marlene Dietrich in Amerika gesungen. Sie erklimmt mit der Olias-Komposition 1953 die Hitparade, und die »Ames Brothers« werden mit diesem Song ebenfalls lange die Nummer eins sein. Der Ohrwurm »Junge, komm bald wieder«, für Freddy Quinn geschrieben, gehört noch heute zum regelmäßigen Repertoire im Rundfunk. Allein die Lieder, die Olias für Quinn schreibt und komponiert, sind so beliebt, dass 38 Millionen Schallplatten von ihnen verkauft werden.

Als Lotar Olias eines Abends Anfang der fünfziger Jahre nach einer Kabarettvorstellung wieder einmal die Konditorei in der Dammtorstraße betritt und Gisis Blick auf ihn fällt, stürmt sie auf ihn zu. Die beiden liegen sich gleich in den Armen. Was für ein Wiedersehen, endlich in friedlicher Zeit. Wie oft hat sie an ihn und er an sie gleich nach dem Krieg gedacht, doch nie kamen sie wieder zusammen. Es wird ein langer Abend voller Erinnerungen, die sie sich beide und auch allen am Stammtisch erzählen.

Gisi und Lotar begegnen sich das erste Mal im dritten Kriegsjahr bei der Betreuung der deutschen Soldaten hinter der Ostfront. Lotar Olias macht mit seinen vier Mitstreitern ein Frontkabarett, das »Knobelbecher« heißt. Nach einer abendlichen Vorstellung stoßen sie auf die singenden Schwestern Ingeborg und Gisela und deren Partnerin, die Akkordeon spielt. Die drei Frauen sind mit ihrem Wagen in der Nähe des Peipus-Sees zwischen der Sowjetunion und Estland liegengeblieben. Dort werden Stalins Armeen bald mit einer großen Offensive nach Westen vordringen.

»Können wir helfen?«, fragt Olias. Die Männer setzen sich in ihren Wagen und schleppen das Fahrzeug der drei Frauen ab. Sie kommen schnell überein, dass sie sich nicht mehr trennen wollen und von nun an überall gemeinsam auftreten werden. Im nächsten Quartier angekommen, lüften Ingeborg und Gisela ein Geheimnis: Ihre Akkordeonspiele-

Eine illustre Runde am Stammtisch in der Dammtorstraße mit Stars der Nachkriegsjahre. Von links: der Schauspieler Heinz Rühmann, Gisi, Rühmanns Frau Hertha Feiler, Paul L'Arronge und Lotar Olias.

rin ist eine Halbjüdin, deshalb haben sie ihr einen anderen Namen gegeben. Olias und seine Mitkabarettisten versprechen, das für sich zu behalten. Für die Frauen ist das sehr beruhigend, denn nun haben sie das Gefühl, durch die Männer an ihrer Seite mehr Schutz zu haben.

In einer der folgenden Nächte stürzt Olias zu seinen Partnerinnen ins Quartier, weckt sie und berichtet, dass eine russische Spionin in der Dunkelheit abgesprungen sei und von einem deutschen Spähtrupp gefangen genommen wurde. Lotar Olias, Zeuge dieser Festnahme, spendiert Schnaps und schlägt dem Anführer des Spähtrupps vor, um die Gefangene zu knobeln. Olias gewinnt, greift sich die Russin und bringt sie in das Quartier zu den drei Frauen, die sie eine Woche lang unter ihrem Bett verstecken. Inzwischen rückt die Front immer näher, die Deutschen müssen zurückweichen und mit ihnen nun diese vier Frauen. Die Russin, die perfekt Deutsch spricht, wird der Wehrmacht gegenüber als neues Mitglied der Unterhaltungsgruppe ausgegeben. Während der Flucht erzählt sie ihren Rettern, dass sie aus Moskau komme und den Befehl hatte, die deutschen Truppen an diesem Abschnitt auszuspionieren.

Gisi: »Sie hieß Sonja, ein bildhübsches Mädchen. Lotar glaubte sogar, er könnte sie mit nach Deutschland nehmen. Er war eben ein Fantast…« Doch in den Wirren des Rückzugs kam der Gruppe die junge Russin bei einem Trommelfeuer abhanden. Sie haben die Spionin nicht wiedergesehen. Gisi und Lotar sprechen immer wieder, wenn sie sich sehen, über dieses Erlebnis damals an der Ostfront, und sie spekulieren darüber, was aus der jungen Sowjet-Frau wohl geworden ist. Und die, die ihnen bei L'Arronge zuhören, schütteln ungläubig den Kopf. Lotar Olias fragt Gisi auch nach dem Schicksal der Akkordeonspielerin, der Halbjüdin: »Was ist aus ihr geworden?« Gisi erzählt ihm, dass sie noch mehrere gemeinsame Auftritte hatten, dann aber hätte sie sich von den Griffel-Schwestern getrennt.

Nach dieser Schicksalsgemeinschaft während der Kriegsereignisse und dem Wiedersehen im Café L'Arronge hat sich die Freundschaft zwischen Gisi und dem Künstler noch vertieft. Sie haben viel miteinander gesprochen, über das Geschäft von Paul, über die künstlerische Arbeit von Lotar, manchmal auch über Zukunftspläne. Über eines hat Gisi sich immer gewundert: Warum es Lotar Olias in all den Jahren unterlassen hat, auf die korrekte Schreibweise seines Namens zu drängen. Mal wurde sein Vorname mit einem h hinter dem t und dann wieder ohne h geschrieben und sein Nachname mal mit einem l und dann wieder mit doppeltem l. Das ist bis heute so geblieben – für Gisi ein Rätsel, und Freund Lotar zuckte mit den Achseln, sah sie an und sagte nur: »Wer weiß …«

EIN HAUS VON CÄSAR PINNAU

In den fünfziger Jahren lebt das Paar L'Arronge in Pauls alter Wohnung in der Hamburger Hallerstraße, in die er vor der Machtergreifung der Nazis eingezogen war. Diese Straße mitten im Grindelviertel ist einst das jüdische Zentrum der Stadt gewesen. »Stolpersteine«, kleine quadratische Einfügungen mit den Namen jüdischer Opfer in den Bürgersteigen, erinnern seit Jahren an die ehemaligen Bewohner. Paul war damals der einzige Christ in seinem Haus Nummer 6.

In den ersten Jahren der nationalsozialistischen Herrschaft lebten viele der 20 000 jüdischen Hamburger in dem verhängnisvollen Glauben, der Hass des Regimes und der seiner Mitläufer gegen sie und die Diskriminierungen würden vielleicht bald ein Ende nehmen. Diese Seefahrerstadt, deren Lebenszweck die Weltoffenheit war und in deren Mauern schon seit 400 Jahren jüdische Menschen in einer großen Glaubensgemeinschaft lebten, raubte mit einem Male dieser Minderheit alle Illusionen. Die zunehmende Verfolgung mit dem Pogrom der »Reichskristallnacht« im November 1938 führte zur Massenemigration. Mehr als 3000 Juden aus dem Reich und aus Hamburg gingen allein im April 1939 im Hamburger Hafen an Bord ihrer Rettungsschiffe und verließen die Heimat. Tausende Hamburger

Juden wurden nach Osten verschleppt und in den Lagern ermordet.

Paul L'Arronge hatte ein sehr freundschaftliches Verhältnis zu seinen Mitbewohnern. Die wenigen, die das braune Terrorregime überlebten, Flüchtlinge und Auswanderer, und nach 1945 in ihre alte Heimat zurückkehrten, sind Paul L'Arronge für diese Freundschaft sehr dankbar und helfen ihm dabei, das Café gleich nach dem Kriege aufrechtzuerhalten. Mit ihren Beziehungen zum Ausland beschaffen sie ihm Waren, die im frühen Nachkriegs-Hamburg noch nicht zu beziehen sind.

Gisela Griffel 1950, eine bildhübsche Frau. Sie ist gerade 25 Jahre alt geworden, drei Jahre zuvor hat sie Paul L'Arronge kennengelernt. 1957 heiraten die beiden.

1950 ist das Jahr eines für diese Zeit symbolischen Ereignisses, das den Menschen Hoffnung gibt: Im Oktober werden die Lebensmittelkarten abgeschafft. Die Versorgung ist fünf Jahre nach Kriegsende und dem Elend danach nicht mehr rationiert. Westdeutschland steht am Vorabend des Wirtschaftswunders. In Hamburg sind schon 27000 neue Wohnungen gebaut worden, inzwischen fahren wieder 70000 Autos in der Stadt, und die Geburtenrate steigt: 17000

Kinder kommen auf die Welt. Auch das industrielle Herz dieser Stadt fängt an, höher zu schlagen. Die Westmächte erlauben den Werften, wieder Schiffe zu bauen. Die britische Besatzungsmacht räumt die von ihren Offizieren besetzten Nobelhotels Atlantic und Vier Jahreszeiten an der Alster. Auch das Café L'Arronge spürt den Aufschwung. Die Menschen der Stadt finden wieder Muße zu »Kaffee mit einem Stück Kuchen«.

Die freie und soziale Marktwirtschaft Ludwig Erhards ist zwei Jahre nach Einführung der D-Mark noch am Anfang, aber die Schritte werden größer. Hamburg darf sich wieder »Freie und Hansestadt« nennen. Unter Max Brauer, dem ersten frei gewählten Bürgermeister nach dem Krieg, entwickeln die Hamburger eine atemberaubende Vitalität. Tausende Bürger können ihre provisorischen Unterkünfte auf Schiffen und in primitiven Behelfsheimen an Land verlassen und in die ersten Neubauwohnungen ziehen. Schon bald nach dem Krieg entschließt sich die Stadt, auf dem innerstädtischen Grindelberg Hochhäuser zu bauen, die acht- bis zwölfgeschossig in den Himmel ragen. Beeindruckt von dieser Kulisse, fällt dem *Hamburger Abendblatt* nur ein Vergleich ein – mit Manhattan in New York. Diese Zeitung eines ganz neuen Typs hat Axel Springer 1948 gegründet. Ihre Grundhaltung heißt: »Mit der Heimat im Herzen die Welt umfassen«. Hamburg steigt zur westdeutschen Medienmetropole auf.

In den Wandsbeker Studios werden wieder Filme ge-

Eine fröhliche Gesellschaft – Gisi (hinten auf der Balustrade) und Paul (links) haben zur Weihnachtsfeier in ihr Hamburger Haus an der Rathenaustraße geladen. In der launigen Runde finden sich neben den Gastgebern enge Freunde, darunter die Schmelings, der Komponist Lotar Olias (hinten, Dritter von links), der Orchesterchef Harry Hermann (hinten, Fünfter von links) und Springer-Direktor Rolf von Bargen (am Tisch links) mit seiner Frau (sie trägt eine dunkle Brille).

dreht. Weihnachten 1952 beginnt im Hochbunker auf dem Heiligengeistfeld das Fernsehzeitalter, das mit der NWDR-Serie »Familie Schölermann« das familiäre Lebensbild der jungen Republik widerspiegelt und Einschaltquoten bis zu 90 Prozent erreicht. Ein junger Schriftsteller, 24 Jahre alt, ein Flüchtling aus Ostpreußen, lässt aufhorchen. Es ist Siegfried Lenz, der anfangs für den Rundfunk arbeitet und zu einem bedeutenden Literaten aufsteigt. Am 7. Dezember 1957 ist im norddeutschen Fernsehen zum ersten Mal ein junger Mann zu sehen, der Moderator Werner Baecker, mit einer ganz neuen Sendung nach amerikanischem Vorbild: »Hier ist die aktuelle Schaubude, wir melden uns live aus dem gläsernen Studio in der Dammtorstraße.« Baecker präsentiert Prominente und Musik, und draußen vor den Schaufenstern des eigentlichen Autohauses in unmittelbarer Nachbarschaft zum Café L'Arronge bilden sich bald Menschentrauben und sehen zu. Die »Schaubude« gehört schnell zu den erfolgreichsten Programmen des Fernsehens im Norden, ein hanseatischer »Kult« in jener Zeit der Tütenlampen und Nierentische. Viele der Gäste, ob Sophia Loren, Freddy Quinn, Hildegard Knef oder junge und aufregende Gesangsgruppen aus England, haben es vor oder nach der Sendung nur ein paar Schritte bis zum Café L'Arronge, wo sie den Rest des Abends verbringen. Film und Fernsehen erobern Pauls Geschäft mit seiner erlesenen Abendkarte.

Dann der Film »Die Sünderin« mit der jungen Hildegard Knef. Dieser Streifen des Regisseurs Willi Forst löst den ersten Gesellschaftsskandal der Nachkriegszeit aus. Auch unter den Gästen des Café L'Arronge wird bei Mokka und Torte heißblütig diskutiert und die Welt der jungen Demokratie nicht mehr verstanden, nicht etwa, weil die Knef für Sekunden ihren entblößten Busen zeigt. Es sind zwei andere Szenen, die die Kirchen veranlassen, ihr Mitwirken in der »Freiwilligen Selbstkontrolle der Filmwirtschaft« aufzugeben: Sterbehilfe und Selbsttötung. Diese Diskussion eröffnet eine neue Lebenshaltung in der deutschen Gesellschaft: Es wird nicht mehr alles hingenommen, die Menschen schweigen nicht mehr zu allem, sie werden aufgeschlossener. Die Jugend gibt sich neuen Moden hin, wie einst die Hamburger Swing-Jugend auch im Café L'Arronge. Was die Nachfolgegeneration verzückt, ist ebenfalls nicht vorübergehend. Es ist eine neue Musikrichtung, die wieder aus Amerika über den Atlantik kommt und Jungen und Mädchen überflutet: Rock 'n' Roll. Der große Drang zur Freiheit, in langen Jahren aufgestaut, scheint sich mit einem Male mit Bill Haley und seinem »Rock Around the Clock« zu entladen. Hamburgs Jugend, die immer schon dem Angloamerikanischen zugetan war, singt hingerissen: *»One two three o'clock four o'clock rock, five six seven o'clock eight o'clock rock, nine ten elven o'clock twelve o'clock rock, we're gonna rock around the clock tonight.«*

Das Gegenbild zu dieser ersten Unbekümmertheit sind Szenen, die den Hamburgern tief ins Herz gehen. Am 11. Oktober 1955 fährt ein langer Zug in den Hauptbahnhof ein. Tausende Menschen, die meisten sind Frauen und Kinder, erwarten ihre Männer, Väter und Söhne, auf die sie zehn und mehr Jahre gewartet haben , die ersten Spätheimkehrer aus den sowjetischen Kriegsgefangenenlagern. Nach langen Verhandlungen, die Bundeskanzler Adenauer mit dem sowjetischen Ministerpräsidenten Nikolai Bulganin in Moskau führte, sind sie endlich wieder in der Heimat. An den Wiedersehensbildern nehmen die Hamburger großen Anteil. Viele der Betroffenen spüren erst jetzt, dass der Krieg für sie wirklich zu Ende ist. Das ist wie ein Grundgefühl der Menschen in den fünfziger Jahren – es soll alles anders und besser werden, auch wenn sich die Spuren der Vergangenheit nicht einfach beseitigen lassen.

Auch Paul L'Arronge und Gisi, die für ihre Zukunft große Pläne haben, kommen mit der Vergangenheit immer wieder in Berührung.

In Pauls Wohnung in der Hallerstraße lernt Gisi den weltweit bekannten Hamburger Architekten Professor Cäsar Pinnau kennen, ein Schulfreund von Paul und ein Mann mit einer Vergangenheit, die ihm nach dem Krieg schwer zu schaffen macht. Der Architekt von 70 Villen in Hamburg und großen Projekten in Deutschland und im Ausland baut dem Paar 1955 ein Haus in der Rathenaustraße im Ortsteil Alsterdorf unweit der Alster. Gisi: »Das Leben ist doch verrückt, mein Paul ist mit Pinnau schon so lange befreundet, und als ich mich das erste Mal mit ihm länger unterhalte, stellt sich heraus, dass seine zweite Frau Ruth meine einstige Schulfreundin ist.«

Der international gefragte Architekt gestaltete auf dem Zeichenbrett nicht nur Gebäude, mit denen er von sich reden machte. Anfang der dreißiger Jahre entwarf er auch den Passagierteil des Luftschiffes »Hindenburg«. Bei aller Anerkennung in Fachkreisen und vielem Lob von Städteplanern geriet er nach dem Krieg politisch in die Kritik. Pinnau hatte sich 1937, damals war er 31 Jahre alt, mit Hitlers Architekten Albert Speer eingelassen. Dieser beauftragte ihn, die Innengestaltung der Neuen Reichskanzlei in Berlin zu entwerfen und an anderen nationalsozialistisch inspirierten Monumentalplanungen im Deutschen Reich teilzunehmen.

Diesen Schatten, der auf ihn gefallen war, wird er später nicht mehr los. Trotz seiner großen internationalen Erfolge hat er bis zu seinem Tode im Jahre 1988 keine Gelegenheit bekommen, seine Vergangenheit abzuschütteln, verteidigen ihn seine Befürworter rückblickend auch heute noch. Jedes Mal wenn Pinnau seinen Schulfreund L'Arronge besuchte, haben sie über die Nazizeit gesprochen, die damit verbundenen Anwürfe haben den Architekten schwer mitgenommen. Er hat lange darunter gelitten.

Die innenpolitische Diskussion um Pinnau, vor allem auch in Hamburg, spielt im Ausland der fünfziger Jahre kaum eine Rolle, weil er schließlich kein Naziverbrecher war. Sein Renommee als Architekt bringt ihm draußen in der Welt große Erfolge. Unter anderem entwirft er für den griechischen Reeder Aristoteles Onassis die berühmte Motoryacht »Christina«, auf der sich Maria Callas und später Jacky Kennedy in der mediterranen Sonne aalen.

VOR DER TÜR STEHT ROMY SCHNEIDER

In ihrem neuen Zuhause in der Rathenaustraße begegnet Gisi im Sommer 1957 einem Freund ihres Mannes, den sie bisher nur aus Pauls Erzählungen kennt: Hans Herbert Blatzheim, ein bekannter Kölner Gastronom, ein typischer Aufsteiger der Wirtschaftswunderjahre. Er ist seit 1953 mit der Schauspielerin Magda Schneider verheiratet. Das Zusammentreffen wird für das Gefühlsleben von Pauls Frau außerordentliche Folgen haben, die sie bis heute beschäftigen, schöne und schicksalsvolle Erinnerungen an eine bezaubernde junge Frau, die traurig enden und ein Millionenpublikum erschüttern wird.

Es klingelt, Gisi L'Arronge öffnet die Haustür. Vor ihr stehen Blatzheim und seine Stieftochter Romy Schneider. Sie hat gerade den zweiten »Sissi«-Film abgedreht. Gisi und Romy, das spürt Pauls Frau schon nach den ersten Stunden, haben die gleiche Chemie, sie sind bald ein Herz und eine Seele. Romy Schneider spricht von ihren Film- und Theaterplänen und liebäugelt mit Paris, denn dort sei sie Alain Delon begegnet. Vertrauensvoll erzählt sie von einem »heimlichen« Flirt mit dem französischen Schauspieler, der aus dem Indochinakrieg nach Frankreich zurückgekehrt war.

Paul und sein Freund Hans Herbert Blatzheim spüren schon in der ersten Stunde dieser Begegnung, dass die

Gisela L'Arronge greift zum Fotoapparat. Das muss festgehalten werden: Paul und die entzückende Romy Schneider 1957 im Garten der Hamburger Gastgeber. Auch sie sind schnell ein Herz und eine Seele.

Frauen eine gemeinsame Wellenlänge haben. Die beiden Herren sind sich in ihrem gemeinsamen Vorhaben einig: Sie bitten Gisi, die gerade 32 Jahre alt geworden ist, der 19-jährigen Romy ein wenig zur Seite zu stehen und sie auf kommenden Reisen zu weiteren Dreharbeiten zu begleiten. Die erste Gelegenheit dazu kommt sehr schnell. Gisi packt die Koffer und fährt als Anstandsdame mit Romy nach Brüssel, dann nach Paris. In beiden Städten spielt Romy Theater. Sie kommen sich jetzt immer näher, Gisi empfindet sich bald als »mütterliche Freundin« der jungen Schauspielerin.

Ein Jahr nach dem ersten Zusammentreffen ist vergangen, da ergibt sich ein Wiedersehen zwischen Romy und ihrer ersten großen Liebe Alain Delon in Hamburg. Beide reisen zu Dreharbeiten an die Elbe, Alain Delon wohnt im Hotel und Romy bei L'Arronges im Haus. »Sie schlief auf der Couch, weil sie sich in unserem Wohnzimmer am wohlsten gefühlt hat, und sie bat unsere Haushaltshilfe, die Gästetoilette für andere Besucher zu schließen, denn das sei ihr Bad, solange sie hier sei«, erinnert sich Gisi.

Romy Schneider fragt ihre Gastgeberin, ob denn nicht mal Alain zu Besuch in die Rathenaustraße kommen könnte. »Ja, natürlich!« Am nächsten Vormittag macht der junge und charmante Delon seine Aufwartung. »Ein netter Junge«, findet Gisi. Es ist ein schöner Sommertag, sie haben viel Spaß im Garten, und es wird viel fotografiert. Von dieser privaten Begegnung in Hamburg dringt kein Wort und kein Bild in die Klatschspalten der Hamburger Zeitungen. Auch die folgenden Reisen Romy Schneiders nach Frankreich mit der Hamburger Freundin an ihrer Seite entgehen dem Klatsch. Alain Delon bittet Gisi, bei ihm in seiner Pariser Wohnung Quartier zu nehmen. Gisi und Romy reisen mindestens zehnmal gemeinsam nach Frankreich. Paul ist damit auch jedes Mal einverstanden, stellt aber eine Bedingung: Ihre Abwesenheit von Hamburg soll nie länger als eine Woche dauern.

Gisi ist auch eine der Ersten, der Romy anvertraut, dass sie sich mit Alain Delon am 22. März 1959 verloben werde. Zu dieser Zeit ist Romy längst ein Star des Kinos und von ihrem Millionenpublikum umschwärmt, auch in Frankreich.

Paul L'Arronge fotografiert das junge Liebespaar Romy Schneider und Alain Delon, das von Gisi umarmt wird. Und draußen in der Millionenstadt Hamburg versuchten Zeitungsreporter vergeblich, den Stars auf die Spur zu kommen.

In Paris feiert sie große Erfolge, auf der Theaterbühne und im Film, sie sammelt Preise und Auszeichnungen. Doch je größer ihre Erfolge in Frankreich sind, desto grimmiger reagiert die deutsche Presse. Sie kreidet es Romy Schneider an, Deutschland den Rücken gekehrt und den Höhepunkt ihrer Karriere, wie es scheint, schon in jungen Jahren nicht in Deutschland erreicht zu haben. So wird dann auch der allmähliche Niedergang der jungen und hochbegabten Darstellerin in Deutschland großflächig dargestellt. Gisi muss mit großer Sorge zusehen, wie ihr Schützling als »Vaterlandsverräterin« und »mannstoll« beschrieben wird. Sie ist über diese üble Kampagne traurig. Sie kann nicht verstehen, wie über diesen angehenden Weltstar derart hergezogen wird.

Die Kritik an Romy bleibt nicht ohne Wirkung. Gisi beobachtet, wie ihr Schützling auf den nächsten gemeinsamen Reisen nach Frankreich manchmal einen sehr depressiven Eindruck macht. Romy deutet an, dass die negativen Berichte aus Deutschland sie sehr bedrücken würden. Einmal kommt Gisi abends in ihr Pariser Hotel, der Portier fängt sie gleich ab. »Gott sei Dank, Madame, dass Sie da sind!« Als sie das gemeinsame Doppelzimmer betritt, sieht sie mehrere leere Flaschen Rotwein, Becher voller Zigarettenkippen auf dem Fußboden, und Romy hockt daneben, völlig aufgelöst. Gisi: »Das war ein schlimmer Anblick. Solche Sachen machte sie öfter, sie war eben ein extremes Wesen, sie wütete, konnte sich aber schnell wieder beruhigen und bat dann um Verzeihung. Ich sagte zu ihr, dass sie Alain Delon nie bekommen wird, wenn sie sich weiter so verhält.«

Aus dieser Zeit gegen Ende der fünfziger Jahre ist in Gisis Sammlung der Erinnerungen nach langem Suchen ein Brief zum Vorschein gekommen, den Romy an ihre mütterliche Freundin in Hamburg schrieb. Er offenbart ein fahriges Wesen. Dieser auf drei Briefkarten geschriebene Bericht aus Frankreich verrät Romy als ein Nervenbündel. Die Zeilen sind voller Flüchtigkeitsfehler, die Schreiberin springt von einem zum anderen Gedanken, ist niedergeschlagen und wieder voller Pläne. Und es ist das Verlangen nach Gisi, ihrer großen »Schwester«, die ihr Halt geben könnte:

Mittwoch – Datum weiß ich nie!

Mein Schatz –

Nein – eh non!, ich hab' die liebe Dame Gisi nicht vergessen! Ich war bis jetzt nicht sehr gut beisammen – nervlich völlig fertig! Jeden Abend eine Vitaminspritze in meinen ach so geplagten, blaugefleckten (die Rolle, bitte!! – nimm Dich zusammen!) – Popo!

Na – jedenfalls geht es schon viel besser – das Stück läuft – bzw, geht glänzend – immer voll – die Sonntage sind natürlich sehr hart, 2x! Das reicht, bin dann reif für's Betti!

Mein Schatz – ich call Dich. Rufe mal an – schreib mir wieder! Hoffe dass es Dir und Deinem »früheren Verlobten« gut geht. Im Juni mache ich wahrscheinlich einen sehr interessanten Film mit Michel Simon & Alain (3 Personen), im Juli einen Scetch mit Visconti, d.h. in Rom wird ein Film gemacht der aus 5–6 Scetch's besteht

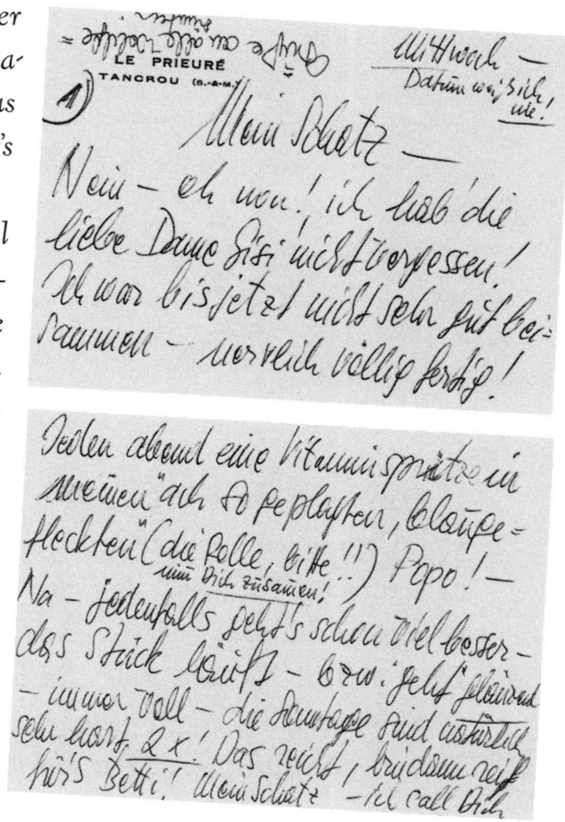
LE PRIEURÉ
TANCROU (S.-&-M.)

1

Mittwoch –
Datum weiß ich nie!

Mein Schatz –
Nein – eh non!, ich hab' die liebe Dame Gisi nicht vergessen! Ich war bis jetzt nicht sehr gut beisammen – nervlich völlig fertig!

Jeden abend eine Vitaminspritze in meinen ach so geplagten, blaugefleckten (die Rolle, bitte!!) Popo! – nimm Dich zusammen!
Na – jedenfalls geht's schon viel besser – das Stück läuft – bzw. geht glänzend – immer voll – die Sonntage sind natürlich sehr hart, 2x! Das reicht, bin dann reif für's Betti! Mein Schatz – ich call Dich

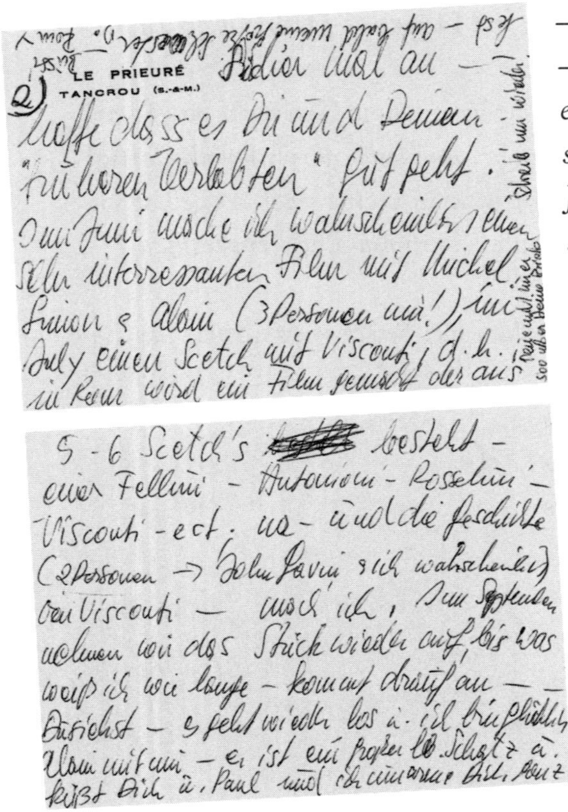
LE PRIEURÉ
TANCROU (S.-&-M.)
2) … mal an – hoffe dass es Dir und Deinem „früheren Verlobten" gut geht. Im Juni mache ich wahrscheinlich einen sehr interessanten Film mit Michel Simon & Alain (3 Personen nur!), im July einen Scetch mit Visconti, d. h. in Rom wird ein Film gemacht der aus
5 - 6 Scetch's bestelt – euer Fellini – Antonioni – Rosselini – Visconti – ect. na – und die Geschichte (2 Personen – John Gavin & ich wahrscheinlich) von Visconti – mach ich, im September nehmen wir das Stück wieder auf, bis was weiß ich wie lange – kommt drauf an – – Du siehst – es geht wieder los u. ich bin glücklich Alain mit mir – er ist ein großer Schatz u. küsst Dich u. Paul und ich umarme Dich ganz

– euer Fellini –Antonioni – Rosselini – Visconti – ect. na – und die Geschichte (2 Personen – John Gavin & ich wahrscheinlich) von Visconti mach ich. Im September nehmen wir das Stück wieder auf, bis was weiß ich wie lange – kommt drauf an. Du siehst – es geht wieder los u. ich bin glücklich, Alain mit mir – er ist ein großer Schatz u. küsst Dich u. Paul und ich umarme Dich ganz fest – auf bald meine große Schwester.

Dass ich nur noch kleine Rollen spielen will um in der Nähe von Alain zu sein – wussten diese Scheiß Zeitungen in Germany zu berichten – Du kannst Rolf sagen – dass das wohl reichlich albern wäre! Ich hab's nicht so gerne wenn man mich veralbert! Diese Affen! Na, was soll's! Ich werde weniger arbeiten als Alain – aber gut überlegte – ausgesuchte Stoffe! C'est tout! Sonst habe ich demnächst weiß Gott sehr viel mit meinem Privatkram zu tun – wir ziehen um – neues Haus – alle Garderobe aus

Deutschland nach Paris kriegen – meine »Geldaffäre mit Blatzheim« ect – glaube mein Privatlife wird reichlich ausgefüllt sein! Du musst auf jedenfall mal kommen u. ein bisschen helfen! Ich muß ja langsam eine »Maitresse de Maison« werden – so wie Du!

Bussi D. Romy

Mit »Rolf« meint Romy Schneider Rolf von Bargen, den damaligen Verlagsleiter und Vertrauten des Verlegers Axel Springer und Freund des Paares L'Arronge, der nach Ansicht der Schauspielerin dafür sorgen könnte, dass in der deutschen Presse nicht mehr so negativ über sie berichtet wird.

Für Gisi L'Arronge ist es schmerzlich, mit ansehen zu müssen, wie ihr Schützling immer stärker von der Angst zu versagen befallen wird. Gisi weiß nicht mehr, wie sie ihr helfen kann. Sie scheint auch keinen Zugang mehr zu der Schauspielerin zu haben. Romy wird krank, muss Dreharbeiten in Frankreich abbrechen, zwei Filme unter der Regie der berühmten Regisseure Clouzot und Visconti bleiben unvollendet, und auch das persönliche Glück scheitert: Romy und Alain Delon lösen ihre Verlobung auf. Die Schauspielerin kehrt angeschlagen nach Deutschland zurück. Auch die enge Beziehung zu Gisi L'Arronge löst sich nach all den langen und vertrauten Gemeinsamkeiten auf. Es überfordert Gisi, die Schauspielerin ständig zu begleiten, sie spürt, den betreuenden Einfluss auf Romy verloren zu haben. Gisi erinnert sich an einen Satz, den Romy ihr einmal sagte: »Nichts ist kälter als eine tote Liebe.«

Das Jahr 1965 wird zur endgültigen Bruchstelle im engen Miteinander der beiden Frauen. Anlass ist der Berliner Schauspieler und Boulevardtheater-Regisseur Harry Meyen. Romy und er begegnen sich am 2. April bei der Eröffnung des neu errichteten West-Berliner Europa-Centers gegenüber der Gedächtniskirche. Auch Romys Stiefvater Hans Herbert Blatzheim ist anwesend, um sein neues Restaurant in dem Hochhaus einzuweihen. Harry Meyen verliebt sich in die Schauspielerin und sie sich in ihn. Es soll noch ein Geheimnis gegenüber der Öffentlichkeit bleiben, verspricht sich das neue Paar gegenseitig.

Kurz darauf reist Meyen nach Hamburg, wo er seinen langjährigen Bekannten Paul L'Arronge besucht und ihn in das Verhältnis mit Romy einweiht. Er fleht ihn an, mit keinem darüber zu sprechen. Paul und seine Frau, die ihr Haus inzwischen verkauft haben, bringen ihn in ihre neue Wohnung in die Bellevue, die sie schon eingerichtet, aber noch nicht bezogen haben. Am darauffolgenden Tag meldet sich Romy Schneider. Sie ruft aus Paris an, wohin es sie aus ihrer Berliner Pause wieder zu Dreharbeiten hinzieht. Sie ist sehr aufgeregt und kündigt ihren Flug nach Hamburg an, weil sie Gisi, die sie lange nicht mehr gesehen hat, dringend sprechen wolle. Am nächsten Morgen steht Romy vor Gisi und Paul: »Ja, ich wollte euch nur mal wiedersehen, es ist nichts Besonderes, Paulchen.« Tags darauf kommt Paul L'Arronge abends aus dem Café nach Hause, und da sitzen Harry Meyen und Romy wie ein vertrautes Paar auf dem Sofa. Paul, längst eingeweiht in die jüngste Entwicklung um Romys neue Partnerwahl, erinnert sich an ein Gespräch mit seinem Freund Blatzheim, der ihm schon bei der Eröffnung des Berliner Europa-Centers erzählt hatte, wie sehr sich Harry Meyen an seine Stieftochter Romy »herangeschmissen« habe und dass man da doch sehr aufpassen müsse. Paul weiß also alles, er schweigt aber und tut so, als wüsste er noch nichts. Er denkt sich nur: »Aha! Der gemeinsame Antrittsbesuch des neuen Paares …«

Gisi kennt Harry aus früheren Jahren, als er mit ihrer Schwester Ingeborg »so eine längere, aber unernste Liebelei gehabt hat, meistens lagen sie sich in der Wolle«. Und nun sitzen Romy und Harry bei ihnen auf demselben Sofa wie vor Jahren Romy und Alain Delon – und offenbaren sich. Das ist Gisi gar nicht recht. Romy erhebt sich, hakt Gisi unter, zieht mit ihr ins Bad, schließt die Tür und fragt ihre noch vor Jahren liebste Vertraute, was sie davon hielte, wenn sie Harry heirate?

»Willst du meine ehrliche Antwort?«

»Ja, natürlich!«

»Ich halte gar nichts davon.«

»Wieso?«

»Weil ich Harry kenne. Er ist ein sehr schwieriger Mensch. Das ist kein Mann für dich.«

Romy empfindet diesen letzten Satz wie ein Stich ins

Herz. Sie spürt mit einem Mal den Schmerz der zu Ende gehenden Freundschaft mit Gisi. Die beiden Frauen trennen sich, der Abschied ist kurz und wortkarg. Erst viel später wird Gisi klar, wie furchtbar diese Szene im Bad war. Sie bedauert das Zerwürfnis und wirft sich vor, viel zu brutal gegenüber Romy gewesen zu sein. Denn: Sie hat nicht gewusst, dass Romy von Harry ein Kind erwartet, keiner hat es ihr gesagt. »Sonst hätte ich doch meinen Mund gehalten«, gesteht Gisi später ein.

Von der jungen Schauspielerin hört sie erst ein Jahr später, 1966, wieder, als Freund Blatzheim sich mit der Nachricht aus Berlin meldet, dass Romy und Harry geheiratet haben und seine Stieftochter einen Sohn zur Welt gebracht hat, der David heißt. Es wäre doch sehr versöhnlich, wenn Gisi sich bei Romy nach so langen Monaten des Schweigens mal wieder melden könnte. »Bitte, bitte, Gisi, ruf doch mal die Romy in Berlin an, sie trauert dir sehr hinterher, seit ihr auseinander seid.« Gisi lässt sich die Telefonnummer geben und wählt die Berliner Nummer. Die Stimme der jungen Mutter klingt wie ein Hilferuf: »Bitte, bitte, liebe Gisi, komm doch zu mir und schau dir meinen Sohn an.« Gisi kann aber nicht fahren, es ist Vorweihnachtszeit, sie muss ausnahmsweise Paul im Geschäft helfen. Damit endet die lange Verbindung zwischen den beiden Frauen. Gisi: »Wir haben uns viele Jahre nicht wiedergesehen – schade! Wir waren doch wie siamesische Zwillinge.«

Die Ehe zwischen Romy Schneider und Harry Meyen

hält nicht lange. Harry kann die Karriere seiner Frau nicht verkraften. Er hat selbst große künstlerische Pläne, scheitert aber. Er flüchtet in den Alkohol, verfällt einer Tablettensucht. Gisi ist traurig, als sie 1975 aus Berlin die Nachricht bekommt, Romy und Harry seien geschieden worden, obwohl sie von Anfang an gewusst hat, dass es für die beiden keine dauerhafte Zukunft geben konnte.

Es kommen Jahre, in denen alle nichts mehr voneinander hören. Wieder und wieder denkt Gisi an Romy, aber ihre Informationen über sie bekommt sie nur aus den Zeitungen – dass Romy in Frankreich wieder Filme dreht und gleich nach der Scheidung von Harry ihren Sekretär Daniel Biasini geheiratet und zwei Jahre später Tochter Sarah in Frankreich zur Welt gebracht hat.

Doch dann am 14. April 1979 in Hamburg kommt es wieder zu einem sehr kurzen Kontakt mit Harry Meyen. Gisi trifft ihn zufällig auf der Straße. Er ist inzwischen nach Hamburg gezogen und lebt in einem Haus in Harvestehude.

»Ach, es ist schön, dich wiederzusehen, Gisi.« Er bittet sie, doch noch auf einen Whisky mit rauf in seine Wohnung zu kommen. »Nein, Harry, ich habe wenig Zeit, ich muss noch zu meiner Mutter.«

Am nächsten Morgen hört Gisi in den Rundfunknachrichten, dass sich der Regisseur und Schauspieler Harry Meyen in der vergangenen Nacht an der Feuerleiter seiner Wohnung mit einem weißen Seidenschal erhängt hat. Die Schauspielerin Anita Lochner fand ihren toten Freund, mit dem sie verabredet war. Gisi kann in diesem Moment und auch danach keinen klaren Gedanken fassen. Es ist immer wieder dieselbe Frage, die sie sich stellt: »Wollte mir Harry vielleicht noch etwas sagen, wollte er vielleicht noch etwas loswerden, das ihn bedrückte, hätte ich ihm vielleicht helfen können? Aber konnte ich ahnen, in welcher Not er war und was er mit sich vorhatte?«

Bald muss Gisi hinnehmen, dass die Schicksalsschläge um ihre Romy herum, diese zarte Person, die sie immer noch beschäftigt, dichter werden. Sohn David aus der Ehe mit Harry stürzt in Frankreich auf einen Zaun und stirbt. Elf Monate später ist auch Romy Schneider nicht mehr am Leben. Von Tabletten und Alkohol geschwächt, stirbt sie am 29. Mai 1982 in einem Pariser Krankenhaus an Herzversagen. Nur 43 Jahre ist sie alt geworden. Auf dem kleinen Dorffriedhof von Boissy-Sans-Avoir findet ihr unruhiges Leben die letzte Ruhe – in Frankreich.

Gisi L'Arronge nimmt ein Foto vom Bücherbord, es zeigt sie mit Romy und Alain Delon im Hamburger Garten, schaut es sich lange an und sagt nur: »Ja, unsere Romy, sie fand nicht mehr zurück zu sich und zu uns …«

Das Ende dieser tiefen Freundschaft mit Romy, einem Weltstar, der nicht die Kraft fand, den Anforderungen des Ruhms zu widerstehen, hat bei Gisi eine Wunde hinterlassen. Es klingt wie eine Entschuldigung, dass sie ihrem Mann in der Konditorei doch helfen musste und geschäftliche Verpflichtungen in Hamburg hatte und sich deshalb um Romy nicht mehr kümmern konnte. Dabei hat Romy den Kontakt zu Gisi weiter gesucht. Sie schickte ihr Zeitschriften aus Frankreich mit großen Artikeln über sie, schrieb ihr lange Briefe. Die Zeit mit den anderen Männern, die Romy nach Alain Delon gehabt hat, verfolgte Gisi nur aus der Ferne. Diese Distanz zu »ihrer« Romy hat wohl auch noch einen anderen Grund gehabt. Romys Mutter, Magda Schneider, hat Gisis beinahe mütterliche Gefühle mit Argusaugen verfolgt.

Magda Schneider hatte 1936 den Schauspieler Wolf Albach-Retty geheiratet, mit dem sie in acht Filmen spielte. Als die gemeinsame Tochter des Schauspielerehepaares 1938 in Wien geboren wurde, ist sie als Rosemarie Magdalena Albach ins Taufregister eingetragen worden. Die Eltern trennten sich 1943. Neun Jahre danach trat Rosemarie in die Fußstapfen der Eltern.

Sie spielte erst unter dem Namen Rosemarie Schneider-Albach an der Seite ihrer Mutter in dem Film »Wenn der weiße Flieder wieder blüht«. Dann, nach ihrem zweiten Film, »Feuerwerk« mit ihrer Partnerin Lilli Palmer, entschied sie sich endgültig für »Romy Schneider«.

Romys Mutter lebte in all den Jahren des Glanzes ihrer Tochter zurückgezogen in Bayern. Magda Schneiders Filmzeiten waren schon lange vorbei, verblichen ihre Popularität, die sie in den dreißiger Jahren mit ihren erfolgreichsten Kinoerfolgen feiern konnte: »Liebelei« und »G'schichten aus dem Wienerwald«. Nach dem Kriege widmete sie sich der Karriere ihrer Tochter, mit der sie dann auch noch gemeinsam vor der Kamera stand, unter anderem für die legendären »Sissi«-Filme.

Auf Gisi war Magda Schneider eifersüchtig, weil die offensichtlich näher an Romy dran war, die sich ihr mehr anvertraute als ihrer Mutter. Magda hat deshalb mit Gisi eine ganze Zeit nicht mehr gesprochen. Und wenn die beiden mal gemeinsam bei Romy in Paris waren, kümmerten sich die Pariser Freunde nur um Romy und Gisi, Magda musste ganz weit hinten anstehen. Gisi erinnert sich an eine Szene in Paris, als der berühmte Regisseur Visconti sie zu Beginn einer Theateraufführung in die Loge holte und Magda Schneider missachtete. »Und Romy wollte immer mit mir zusammen sein und nicht mit ihrer Mutter.« Gisi wusste, dass Magda Schneider die großen Filmerfolge ihrer Tochter nicht verkraften konnte, auf der anderen Seite aber schmückte Magda Schneider die Wände ihres Hauses mit riesigen Porträts der Tochter. Gisi: »Das zeigte ihre gespaltene Seelenlage, was Romy betraf.« Als dann aber Romy schon lange nicht mehr lebte, gesteht Magda Schneider, dass sie doch froh war, dass Gisi ein wichtiges Stück des Weges ihrer Tochter Romy begleitet habe.

Nach Romys Tod wird in der Öffentlichkeit auch die Rolle beleuchtet, die ihr Stiefvater Hans Herbert Blatzheim gespielt hat oder gespielt haben soll. »Was da alles zu lesen war und worüber sich in der Schauspielerwelt die Münder zerrissen wurden, war teilweise sehr schlimm.« Er hätte Romys Tantiemen verwaltet, um sich daran zu bereichern.

»Ich weiß, dass solche Behauptungen nicht wahr sind. Das war ungerecht«, empört sich Gisi. »Wahr ist, dass er sich rührend um seine angenommene Tochter gekümmert hat.«

Der Kontakt zu Magda Schneider bleibt trotz allem, was geschehen ist, erhalten. Sie treffen sich oft, Gisi reist häufig nach Schönau bei Berchtesgaden, wo Magda Schneider lebt. An den Wänden in ihrem Haus sind noch mehr übergroße Bilder von Tochter Romy hinzugekommen, noch mehr Porträts und Filmszenen. Magdas Eifersucht auf die Tochter ist dahingeschmolzen. Mutter Schneider ist glücklich, wenigstens in Gisi eine Freundin und Vertraute zu haben, die ihr über eine lange Wegstrecke aus Romys Leben berichten kann. Sie sprechen auch über eine schöne Prophezeiung des bekannten Regisseurs Franz Marischka, der, als Magdas Tochter noch ganz jung im Filmgeschäft war, einmal sagte: »Romy, du wirst alle jungen Mädchen Europas zum Träumen bringen …« Da sind die beiden Frauen Gisi und Magda den Tränen nahe.

1968 stirbt Magda Schneiders zweiter Mann Hans Herbert Blatzheim. Als sie 1996 schwer erkrankt, fährt Gisi zu ihr nach Bayern und sitzt an ihrem Bett bis zur letzten Stunde. Magda Schneider wurde 87 Jahre alt.

AXEL SPRINGER, ILSE WERNER UND DIE HOFDAME

Axel Springer – diesen Namen hatte Gisi, damals noch Fräulein Gisela Griffel, schon in der Hitler-Zeit gehört. Der junge Springer ist der Sohn des Druckereibesitzers Hinrich Springer, der 1924 die Lokal-Zeitung *Altonaer Nachrichten* erwarb, ein Blatt mit lokaler Bedeutung. Auch der Junior tummelte sich wie Gisi im Kreise der Hamburger Swing-Jugend. Zwei Jahre nach Kriegsende macht Gisi über Paul L'Arronge in der Konditorei die Bekanntschaft mit diesem hochgewachsenen und elegant gekleideten Mann, der in seinen jüngeren Jahren viele Träume hatte, die nichts mit Zeitungen und Zeitschriften zu tun hatten. Erst wollte er Operettensänger werden, dann Revuen inszenieren oder in die Kinobranche einsteigen. Das Letztere gelang ihm sogar zeitweise, allerdings nicht so, wie er sich das gedacht hatte. Im Hamburger Waterloo-Lichtspieltheater fungierte er vorübergehend als Filmvorführer und Platzanweiser.

Paul kennt Axel Springer schon lange. Er hatte in den letzten Kriegsjahren regelmäßig Essen raus nach Bendestorf in die Lüneburger Heide gebracht, wo die Springers in ihrem Sommerhaus lebten und auf das Ende der Bombenangriffe warteten. Später schickt Springer ein Foto, das ihn neben

Paul zeigt, mit diesem Text: »Ich werde nie vergessen, daß du während des Krieges unsere ganze Familie ernährt hast.« Axel Springer ist zu dieser Zeit mit Katrin – seiner zweiten von fünf Ehefrauen – verheiratet, mit der Gisi schon bald Freundschaft schließt. Doch die Ehe, aus der Sohn Axel Sven hervorgeht, der sich später Sven Simon nennt, steht vor dem Aus. Axel Springer ist in der ersten Nachkriegszeit ständig Gast in Pauls Konditorei, und so bekommt Gisi schnell mit, dass in den sogenannten eingeweihten Kreisen der Stadt Springers »Frauengeschichten« in vieler Munde sind. Auch diese: Max Schmeling und Paul weihen Gisi in Springers neues Techtelmechtel mit der Filmschauspielerin und Sängerin Ilse Werner ein. Die beiden Männer fordern Gisi auf, bloß vorsichtig zu sein und kein Wort davon an ihre Freundin Katrin weiterzugeben, dann sei es mit dieser Liebelei zwischen Axel und Ilse aus. Zwei Jahre lang sind Springer und Ilse Werner ein heimliches Paar, bis sie 1948 den amerikanischen Journalisten John de Forest kennenlernt und mit ihm nach Amerika geht. Die beiden heiraten, sie leben in Los Angeles, werden aber nach drei Jahren wieder geschieden. Ilse Werner kehrt 1953 in die Bundesrepublik zurück, findet sich bald in der westdeutschen Filmindustrie zurecht und dreht Streifen wie »Mutter sein dagegen sehr«, die Operettenverfilmung »Der Vogelhändler« und »Ännchen von Tharau«. Inzwischen hat sich Springer auch von Katrin getrennt. Seine neue Auserwählte heißt Rosemarie, eine leidenschaftliche Reiterin, die mit dem bekannten Zement-Industriellen Horst-Herbert Alsen verheiratet war. Rosemarie wird also Springers dritte Frau.

Jahre später kommt Max Schmeling noch einmal auf diese Affäre zu sprechen und sagt zu Gisi: »Unsere Ilse hätte heute Frau Springer heißen können, aber die ist ja manchmal nicht ganz bei sich gewesen. Immer wenn mit Axel mal was los war, ist sie gleich in Ohnmacht gefallen.« Nach der Rückkehr Ilse Werners aus den USA entwickelt sich zwischen ihr und Gisi L'Arronge eine lange Verbundenheit bis zum Tod des einstigen Ufa-Stars.

»Ilsekin«, so nennen sie ihre Freunde, hatte ihre größten Filmerfolge zu einer Zeit, als die Menschen wenigstens für ein paar Stunden vor dem Kriegsgeschehen in die schöne

Nr. 48 Telegramm Deutsche Bundespost

aus + 0093 BERLIN FERNAMT F 25/1 1220 =

Datum 01 XII 57 Uhrzeit 12 34

Aufgenommen Platz EAB durch 320

HERRN PAUL L ' ARRONGE DAMMTORSTR
HAMBURG =

Amt Hamburg

Datum Uhrzeit Gesendet Platz durch

Leitvermerk:

HERZLICHE GLUECKWUENSCHE UND NOCHMALS DANK FUER JENE ZEIT ALS DU DER FAMILIE SPRINGER ZU ESSEN GABST STOP = AXEL +

Der Konditor und seine Angestellten feiern 1957 das 25-jährige Bestehen des hanseatischen Kult-Cafés. Verleger Axel Springer schickt an seinen Freund Paul telegrafische Glückwünsche.

Ende der vierziger Jahre bilden sich in Hamburg die ersten gesellschaftlichen Kreise nach dem Krieg. Auf der Terrasse des Hauses von Max Schmeling versammeln sich (von links nach rechts): Dr. Ondra und seine berühmte Schwester, die Schauspielerin Anny, dann Gisi, die Schauspielerin Ilse Werner, die Verleger Axel Springer anhimmelt, Max Schmeling, der vergnügt zuschaut, Paul L'Arronge und August Graf Kageneck, der viele Jahre Frankreich-Korrespondent der *Welt* sein wird.

Kinowelt der Illusionen flüchten konnten. »Wir machen Musik«, »Münchhausen« und »Die große Freiheit Nr. 7« mit Hans Albers – diese Streifen erheben sie zum Star, von den Mächtigen im Reich wird sie hofiert. Ihre Mitwirkung bei der regelmäßigen Rundfunksendung »Wunschkonzert« und dem gleichnamigen Film, der ebenfalls ganz im Sinne der NS-Ablenkungspolitik in den vierziger Jahren stand, schlug gleich nach Kriegsende auf sie zurück. Ilse Werner durfte nicht mehr auf der Bühne stehen und musste ein Filmverbot hinnehmen. Das Verdikt wurde dann aber schnell wieder aufgehoben, weil sie anerkanntermaßen keine Nationalsozialistin war.

Zwei Bilder, zwischen denen 40 Jahre liegen: Ilse Werner und Freundin Gisi im Jahre 1952 …

Von 1948 an steht sie wieder vor der Kamera. Und sie kommt noch einmal groß als die »pfeifende Ilse Werner« heraus, sie spielt Theater, tingelt durchs Land, erhält Fernsehrollen, 1967 unter anderem mit der Serie »Eine Frau mit Pfiff«. Von allen Vorwürfen der ersten Nachkriegszeit bleibt kein Schatten mehr: Sie wird 1981 mit dem Bundesverdienstkreuz ausgezeichnet und fünf Jahre später auch mit dem »Filmband in Gold«.

Nur eines hat sie nicht erreicht: sich mit einem beruhigenden Bankkonto von der Bühne in den Ruhestand zurückzuziehen. Ihre letzte Station wird das Seniorenheim »Hansa Residenz« in Lübeck, wo sie manchmal noch vor ihren Mitbewohnern auftritt. Sie hat kaum Geld mehr, hatte nie für sich vorgesorgt und keinen Pfennig Rente.

… und die beiden bei einem Bummel durch die Filmstudios von Babelsberg bei Berlin im Jahre 1992.

Da ergibt es sich im Frühjahr 2002, dass Gisi dank ihrer vielen Verbindungen ihrer Freundin Ilse unter die Arme greifen kann. Gisi ist seit langem eng mit der Berliner Familie des Verlegers, Publizisten und Essayisten Wolf Jobst Siedler befreundet und Patentante des Siedler-Enkels Justus. Siedler, einst Feuilleton-Chef des Berliner *Tagesspiegel*, danach viele Jahre Leiter der Buchverlage Propyläen und Ullstein und weithin bekannt als großer Kritiker zeitgenössischer Stadtplanung, soll mit dem »Deutschen Nationalpreis« für seinen Beitrag zur Gestaltung des wiedervereinigten Deutschlands geehrt werden. Gisi erhält eine Einladung zum Festakt im Französischen Dom am Gendarmenmarkt in Berlin. Vom Siedler-Sohn Wolf Jobst jr. erfährt sie, dass Richard von Weizsäcker die Laudatio auf seinen Vater halten wird. Weizsäcker war von 1981 bis 1984 Berlins Regierender Bürgermeister und von 1984 bis 1994 Bundespräsident, ein Mann also, der Einfluss hat, auf den man hört. »Oh, habe ich gedacht, das könnte eine Chance sein, vielleicht etwas für Ilse Werner zu tun.« Gisi bittet Siedler, ihr ein kurzes Gespräch mit Weizsäcker nach der Preisverleihung zu vermitteln.

Sie reist nach Berlin, wird vom Bahnhof Zoologischer Garten abgeholt und darf gleich in der ersten Reihe im Französischen Dom Platz nehmen, weil sie seit einem Autounfall vor Jahren am Stock geht. Nach der feierlichen Preisvergabe gibt es einen Empfang, man trinkt und isst etwas, steht an Bistrotischen, Gisi plaudert mit Gästen, als Siedlers Sohn sie anspricht: »Du kannst jetzt mit Herrn von Weizsäcker sprechen, er erwartet dich.« Gisela geht auf ihn zu, stellt sich vor, Weizsäcker lächelt: »Ja, ich erinnere mich, wir waren einmal bei Max Schmeling zusammen.« Der erste Kontakt hat also gleich funktioniert. Gisi trägt ihre Bitte vor. Sie wolle nichts für sich, sie möchte sich für ihre Freundin Ilse Werner einsetzen, die ja mal ein großer Star gewesen sei und heute mittellos in einem Heim lebt. »Könnte man ihr denn nicht eine kleine Rente oder eine Ehrenrente geben, sie hat das verdient.« Weizsäcker geht darauf ein, verspricht ihr auch, mit dem Bundespräsidenten Johannes Rau zu reden. »Frau L'Arronge, Sie werden von mir hören. Mein Mitarbeiter wird Sie anrufen.«

Bald schon klingelt es bei Gisi in Hamburg, Weizsäckers Büro ist am Telefon – eine Erfolgsmeldung! »Es wird klappen, nicht viel, aber es wird klappen.« Nach einigen Tagen kündigt sich bei Ilse Werner eine Staatsrätin der Landesregierung in Kiel an. Sie fährt in die Seniorenresidenz und teilt Ilse Werner die Entscheidung mit, dass sie von nun an monatlich eine kleine Rente erhalten wird. Nach einer gewissen Zeit wird der monatliche Betrag sogar erhöht. Ilse Werner und Gisi L'Arronge sind glücklich. Dazu wird regelmäßig eine monatliche Summe aus dem engsten Freundeskreis Ilse Werners beigesteuert, zu dem jeder 50 Euro im Monat spendet. Gisela: »Das kann jeder, und das tut nicht so weh.« Unter den Geldgebern sind die meisten Künstler, darunter der Schauspieler Wolfgang Völz und der Hamburger Couturier Jürgen Hartmann, der in der Film- und Theaterwelt einen sehr guten Ruf hat. Er entwirft und schneidert für Hildegard Knef, Heidi Kabel und die Schlagersängerinnen Evelyn Künneke und Angèle Durand. Auch Ilse ist seine Kundin, »weil er ein Händchen dafür hat, meine überflüssigen Pfunde elegant zu verstecken«.

»Ilsekin« Werner verbringt noch drei schöne Jahre dank ihrer Wohltäter, bis sie am 8. August 2005 in Lübeck im Alter von 84 Jahren stirbt. Sie wird in Potsdam-Babelsberg, in der Nähe der großen Filmstudios, beigesetzt. Gisi ist dabei: »Das war ihr großer Wunsch, hier begraben zu werden, wo sie früher so oft vor der Kamera gestanden hat.«

Nach Jahren kommt Sophie Diehl, die Tochter Wolf Jobst Siedlers, noch einmal auf die Szene bei der Nationalpreis-Verleihung an ihren Vater zu sprechen: »So ist Gisi, sie hilft, und sie kümmert sich um alle, die ihre Freunde sind. Ich kenne die Patentante meines Sohnes nun schon seit 15 Jahren. Zwischen ihr und mir war es wie eine Liebe auf den ersten Blick, als wir uns das erste Mal sahen. Immer wenn wir zusammenkamen, ob es in der Schweiz war oder einmal sogar in Moskau und hier bei uns in Berlin, und sie über ihr Leben zu erzählen begann, dachte ich, jetzt müsste man ein Tonbandgerät dabeihaben und Gisi, mit einem Glas Champagner bei guter Laune haltend, einfach plaudern lassen. Ihre Erzählungen sind wirklich hörenswert.«

Eine dieser Plaudereien rankt sich im Salon L'Arronge auch um eine willensstarke, charmante, auch resolute und mit einem schnellen Mundwerk ausgestattete Dame, die in den eingeweihten Kreisen Hamburgs auch die »Hofdame« von Axel Springer genannt wird. Sie heißt Hulda Seidewinkel und führt das Privatleben des Großverlegers. Sie ist genau das, was Axel Springer braucht: eine Frau für alle Fälle. Sie führt das Personal seines Haushalts, richtet seine Häuser oder Büros ein, ob in Hamburg, London oder in Berlin. Hulda Seidewinkel ist Springers Innenarchitektin, hat einen ausgeprägten Geschmack für die schönen Dinge dieser Welt, wählt für Springers Festivitäten Geschenke aus, sorgt für den erlesenen Inhalt seiner Kleiderschränke.

Sie ist stilsicher mit einem ausgeprägten Hang zu Kostbarkeiten. Überall dort, wo sich Springer gerade aufhält, schaltet und waltet sie. Sie genießt eine Sonderstellung zu Hause bei dem Verleger, hört sich seine Sorgen an, und er hört sie an. Hulda hat das volle Vertrauen ihres Arbeitgebers, in dessen Diensten sie 20 Jahre lang steht. Gisi L'Arronge bewundert sie, wie sie Springers Privatleben regelt, fügt aber gleich hinzu, dass Hulda aber auch eine »böse Zunge« haben kann, wenn es darum geht, nach kleinen Affären, die Springer hatte, die Damen diskret vor die Tür zu setzen. Gisi nennt sie den »Harlekin von Axel«.

Nach der Beisetzung der Schauspielerin Grethe Weiser 1970 in Berlin besucht Gisi Axel Springer in seinem Haus in der Bernadottestraße in Zehlendorf. Sie trifft dort auf Springers künftige, die fünfte und seine letzte Frau, Friede Riewerts. Hulda Seidewinkel ist auch da. »Sie hat die spätere Friede Springer schließlich als Kindermädchen für Springers Sohn Raimund ins Haus des Großverlegers geholt, ein entzückendes Geschöpf, langes blondes Haar, sie sah aus wie eine Madonna«, schwärmt Gisi. Und sie lächelt, als sie sich an eine weitere Begegnung in Berlin erinnert, bei der Axel sie bei einem Glas Champagner um ihre Meinung bat: »Na, Gisi, nun sag mir mal, wie du meine neue Regierung findest…«

Viele Jahre später, Axel Springer lebte schon lange nicht mehr, möchte Friede Springer von Gisi wissen, ob sie denn ihr Buch über sich und Axel Springer gelesen hätte. »Ja, ich habe hineingeschaut, aber du weißt doch, Friede, von meiner langen Bekanntschaft mit Axel, von dem ich schon in der Swing-Jugend-Zeit in Hamburg während der ersten Kriegszeit gehört habe und alles Familiäre und Geschäftliche seines späteren Konzerns auswendig kenne. Auch das, was unter der Decke bleiben sollte, ist am Stammtisch im Café von Paul in all den Jahren brühwarm erzählt und detailliert durchgehechelt worden. Ich habe vieles über Axel gehört, dabei sollten wir es heute belassen, er war ein großer und erfolgreicher Mann, das ist doch entscheidend.« Die beiden Frauen schwelgen in Erinnerungen.

Nie waren Gisis Kontakte zu Axel Springer abgebrochen, man sah sich immer irgendwann und irgendwo wieder, eines Tages auch in dem Londoner Haus des Verlegers, in der Zeit, als Gisi in den fünfziger Jahren noch ihre englischen Fernsehauftritte hatte. »Axel Springer mochte keine geschminkten und aufgetakelten Weiber, doch als ich unmittelbar nach einem Auftritt, noch voll angemalt, ihn besuchte, störte ihn das nicht.« Springer empfing sie herzlichst und wollte sie bei sich im Haus zum Abendessen einladen. Doch Gisi wollte unter Leuten sein. Die beiden gingen dann ins Restaurant des Savoy-Hotels und dinierten dort.

Was Axel betrifft, ist Gisi immer bestens informiert gewesen. Von Springers zweiter Frau, Katrin, wird Gisi auf dem Laufenden gehalten, auch darüber, welche Favoritin gerade an des Verlegers Seite ist. Da ist Katrin von Springer längst schon geschieden. Die Freundschaft zwischen ihr und Gisi hält viele Jahre, bis sie eines Tages alle wieder zusammenkommen – am Sterbebett Katrins im Jahre 1969: Axel Springer, der Sohn und Gisi. »Sie ist in unserer Gegenwart eingeschlafen.«

MAX UND ANNY – DER HARTE KERN

Stammtische haben ihre Geschichte und ihre Gründer. Danach gefragt, wer denn von Anfang an gleich nach dem Krieg zu den Ersten zählte, die in der Konditorei L'Arronge ein zweites Zuhause fanden, kommt von Gisi die prompte Antwort: »Das waren Max Schmeling und seine Frau Anny Ondra.«

Max und Anny, das war das Traumpaar der Deutschen schon in den dreißiger Jahren. Sie, die in Prag geborene Filmschauspielerin mit großen Kinoerfolgen, und er, der Boxweltmeister, feierten 1933 eine glanzvolle Hochzeit im brandenburgischen Saarow-Pieskow. Zeitungen und Wochenschauen waren lange Zeit voll mit Berichten über die beiden. Worüber in den Nazijahren nicht öffentlich gesprochen wurde, war die Filmgesellschaft, die Anny und ein Landsmann von ihr gegründet hatten. Die Nazis machten Schwierigkeiten, weil sie in ihrer Firma auch Juden beschäftigten. Anny überlegte zeitweise sogar, ihr Filmgeschäft nach Amerika zu verlegen. Nachdem ihr Gesellschaftspartner Deutschland verließ, nahm sie nur noch wenige Rollenangebote an. Und bald wurde Max zur Wehrmacht eingezogen als Fallschirmjäger, im Alter von 35 Jahren.

Am Ende des Krieges ist der Glanz um Max und Anny längst verloschen, und die Zukunft für diese beiden ist völlig ungewiss. Sie stehen wie Millionen andere auch vor dem Nichts. Den Untergang des Dritten Reiches erleben Max und Anny aus Mecklenburg kommend zunächst in Schleswig. Wie durch ein Wunder gelingt es Schmeling am 4. Mai 1945 in den Wirren der letzten Stunden vor der Kapitulation, mit seinem alten Freund, dem Hamburger Verleger John Jahr, der in Westerland auf Sylt untergekommen war, zu telefonieren. Am selben Tag haben die Engländer Hamburg besetzt. Schmeling und Jahr beschließen, sich dorthin durchzuschlagen. Max, immer noch im Besitz eines Autos, holt John Jahr am 6. Mai aus Niebüll ab. Zwei Tage dauert es, bis sich die beiden durch die britischen Militärkolonnen in die Hansestadt jonglieren. Sie treffen sich mit Axel Springer, dem Sohn des Altonaer Druckereibesitzers, und schmieden Zukunftspläne. Sie träumen von einer gemeinsamen Verlagsgründung und machen sich Illusionen: Schmeling soll dabei sein, weil alle drei glauben, die sportliche und menschliche Popularität des einstigen Boxweltmeisters aller Klassen würde das Herz der Briten schnell erweichen. Das gemeinsame Vorhaben scheitert. Jahr und Springer erhalten zwar die ersehnten Lizenzen, gehen dann aber getrennte Wege, Schmeling darf nicht dabei sein. Die Engländer lehnen ihn ab, schließlich sei er ein »Boxidol des Dritten Reiches« gewesen. So stehen Max und Anny in ihrer ersten Zeit in Hamburg materiell vor dem Nichts. Sie leben von der Hand in den Mund, schildert der Ex-Weltmeister ihre Situation gegenüber John Jahr und Axel Springer.

Schmeling kann es nicht verwinden, von den Engländern als »Repräsentant« des Dritten Reiches geschmäht zu werden. Er verteidigt sich in einer Anhörung gegenüber den britischen Siegern damit, im Dritten Reich jüdische Freunde gehabt zu haben, deren Kinder er versteckt hielt. Es waren die Brüder Henri und Werner Levin, die er in seine Berliner Hotelsuite schmuggelte, als draußen die »Reichskristallnacht« gegen alles Jüdische tobte. Er, der große Athlet, und viele andere Idole der Kino- und Theaterwelt sind von den Nazis für deren Propaganda gnadenlos ausgenutzt worden. Manche von ihnen waren einfach zu naiv, dies auch zu erkennen.

Die Erregung über die vermeintliche Nähe Schmelings zu den Nazis legt sich nach dem Krieg bald wieder, weil sich zeigt, wie ungebrochen seine Popularität geblieben ist. Im Januar 1947 erklärt der Hamburger »Fachausschuss zur Ausschaltung von Nationalsozialisten« Max Schmeling als unbelastet. Mehrere Zeugen aus dem Ausland, Verfolgte und Gefangene des Naziregimes, geben zu Protokoll, dass Schmeling sich für sie eingesetzt habe.

Max und Anny stellen sich nach diesem Freispruch nur noch die eine Frage: Wie wird ihre Zukunft aussehen? Schmeling spricht mit seiner Frau darüber, ob er nicht mit dem, was er war, neu anfangen sollte, es doch noch mal zu versuchen – das Boxen! Anny Ondra zögert, weiß aber auch keinen anderen Ausweg. So fährt der einst gefeierte Champion nach Berlin, wo er seinen alten Manager und Trainer

Max Machon aufsucht. Max eröffnet ihm, er wolle wieder in den Ring – mit 43 Jahren. Machon sieht ihn mit großen Augen an, schüttelt den Kopf und bescheinigt seinem alten Partner, »von allen guten Geistern verlassen zu sein«. Schmeling bleibt jedoch hart. Und so kommt es nach langen Trainingsmonaten und mehreren Vorbereitungskämpfen zu jenem Boxkampf an einem kalten, grauen Tag, dem 31. Oktober 1948, in der Berliner Waldbühne, der die sportliche Karriere dieses beliebten Mannes endgültig beendet. Max Schmeling verliert gegen Richard Vogt nach Punkten. Noch bevor das Urteil über Lautsprecher bekannt gegeben wird, erklärt der legendäre Boxer seinen endgültigen Rücktritt. Er kassiert die Gage von 40 000 Mark und kehrt zu Anny nach Hamburg zurück.

Beide liebten Hunde. Max Schmeling und Anny Ondra auf der Terrasse ihres Hauses in Hollenstedt am Rande der Lüneburger Heide.

Das Paar hat jetzt wieder Geld, aber keine endgültige Bleibe. Sie sprechen mit Axel Springer über neue Lebenspläne und was überhaupt werden wird. Springer rät ih-

Die »Üblichen« am Stammtisch: Anny Ondra mit Max und Paul. Doch hier mit einem seltenen Gast: Max Machon, der einst Boxer Schmeling trainiert hat.

nen: »Geht zu Paul L'Arronge, der wird euch bei der Wohnungssuche helfen.« Max und Anny erscheinen mit der Empfehlung in Pauls Konditorei – und bleiben Dauergäste. Paul L'Arronge erzählt dem großen Boxidol, er sei 1936 mit einigen Schlachtenbummlern über den Atlantik nach New York gefahren, um sich Schmelings ersten Kampf gegen das amerikanische Faustkampfwunder Joe Louis anzusehen. Der einstige Champion ist sehr gerührt und schließt Paul in die Arme. Das ist der Beginn einer langen und sehr engen Freundschaft. Jeden Tag tauchen Max und Anny in der Konditorei auf und gehören bald zum Kreis der Runde bei Paul. Wenn das Stammgastsein eine Umschreibung für Häufigkeit ist, dann werden die Schmelings bis ans Ende der Tage des Café L'Arronge von keinem Kunden übertroffen.

Paul L'Arronge war ein eleganter Herr. Ein Hamburger Geschäftsmann, der oft in der Konditorei erschien, sagte einmal: »So habe ich mir immer ein Mitglied des britischen Oberhauses vorgestellt.«

Allmählich kehrt Ruhe in das Leben der Schmelings ein. Es dauert auch nicht mehr lange, bis sie Ende 1948 ihren endgültigen Wohnsitz finden. Max erwirbt mit einem Teil seiner Gage vom letzten Gefecht im Ring von einem alten Nazi ein Haus mit großem Gelände und schönem Baumbestand in Hollenstedt am nördlichen Rand der Lüneburger Heide. Die Boxlegende war immer schon dem Ländlichen zugetan. Er legt auf den Freiflächen seiner Neuerwerbung eine Tabakplantage an. Die Schmelings müssen von etwas leben, denn viel Geld ist nicht mehr da, und die Grundstücke, die Max einst besaß, liegen im Osten Deutschlands, bei Berlin und in Pommern. Sie sind ihm längst entzogen worden. Mit dem Tabak läuft es nicht sonderlich gut, so wechselt Schmeling zur Nerzzucht, die sich anfangs viel besser macht. Aber auf Dauer scheint auch das nichts für Max zu sein.

Gisi und ihr Paul nehmen Max und seine Anny, die lange Jahre das deutsche Filmpublikum verzückt hat, herzlich auf. Am Stammtisch im Café fühlt sich das Paar nach langer Zeit wieder wohl. Schmeling liebt die Umgebung von Menschen aus Kunst, Schauspiel, Musik und dem Journalismus. Das alles erinnert ihn an die früheren Jahre in Berlin, wo er sich gern in diesen Kreisen bewegte. Schmeling ist immer der erste Stammtischgast im hintersten Raum des Cafés, wo die Tische größer sind und nur wenige Gäste vorbeikommen. Er trifft meistens mittags Punkt zwölf in der Dammtorstraße ein. Es war schon zum Ritual geworden, und Paul greift dann zum Telefonhörer und ruft zu Hause an: »Gisi, komm, Max ist schon da.«

Eines Tages überrascht Max seine Hamburger Freunde damit, dass er ein interessantes Angebot aus Atlanta in den USA erhalten habe: Ob er eine Coca-Cola-Dependance in

Über diesen Brief von Freund Max Schmeling hat sich Gisi besonders gefreut, frankiert mit einer Marke, die das einstige Boxidol zeigt.

Hamburg gründen möchte? In Amerika, wo Schmeling immer noch einen großen Namen hat, erinnerte man sich seiner und ist davon überzeugt, dass der populäre Ex-Boxweltmeister als Partner von Coca-Cola in Deutschland eine glänzende Geschäftsidee sei. Schmeling greift sofort zu, und er fragt Freund Paul, ob der sich nicht auch mit 250 000 Mark beteiligen wolle. Doch der Konditor lehnt die freundschaftliche Einladung ab, ebenfalls in die Coca-Cola-Betreibergesellschaft einzusteigen. »Was habe ich als Zuckerbäcker mit brauner Brause zu tun? Nein, das mache ich nicht, ich bleibe bei meinem Handwerk.« Später meint seine Gisi, hätte er doch bloß zugegriffen, dann hätte sie noch heute viel davon. Aber Paul L'Arronge blieb stur. Er wollte im Geschäftsleben selbst bestimmen und nicht nur Teilhaber sein.

Paul, Gisi, Max und Anny sind wie eine Familie. Egal wer aus dem Hamburger Salon von weit her anreist, wird von Gisi nach Hollenstedt gefahren, ob Grethe Weiser, Lilian Harvey oder Willy Fritsch und seine Frau Dinah.

Nach allem Auf und Ab in den langen Jahren wird der 28. Februar 1987 für Max Schmeling der traurigste Tag seines Lebens. Er ruft als Erste Gisi an und sagt nur: »Anny ist tot!« Jeden Tag besucht Max Schmeling in den folgenden Monaten ihr Grab auf dem Friedhof von Hollenstedt. Gisi begleitet ihn oft dabei. Achtzehn Jahre später wird auch Max dort zu Grabe getragen. Ein Jahr vor seinem 100. Geburtstag.

»HASENJAGD« AUF HARRY HERMANN

Gisi L'Arronge greift in ein Wandbord und zieht eine Musikkassette mit zwei CD-Scheiben heraus, es sind Einspielungen des Orchesters Harry Hermann aus den Jahren 1950 bis 1961. Sie steckt die zweite Scheibe ins Abspielgerät, der erste Titel erklingt: »Bin nur eine Rundfunkstimme«. Die Sängerin ist Gisela Griffel. »Ja, das war einmal...«

Harry Hermann, der eigentlich Harry Hermann-Spitz hieß, sich aber später nicht mehr so nennt, ist in den fünfziger Jahren als Orchesterchef so etwas wie das höchste Gütezeichen konzertanter Tanzmusik, und er leitet viele Jahre gleichzeitig die Musikabteilung des Hamburger Rundfunks. Sein Orchester ist unverwechselbar, es spielt Tanzmusik mit sinfonischen Stilelementen. Das macht Harry Hermann berühmt. Wer das Radio einschaltet und die ersten Klänge der Spitzennummern »Embraceable you« und »The breeze and I« hört, weiß sofort, welches Orchester spielt: Harry Hermann. Aber es gibt auch Kritiker dieses Musikstils. Sie beschuldigen den Künstler, sich »undeutschen« Rhythmen hinzugeben. Die alten Geister sind eben noch nicht alle in der Versenkung.

Harry Hermann ist mit der Schauspielerin Gisela Peltzer verheiratet, die Anfang der fünfziger Jahre mit Harry Meyen gemeinsam das erfolgreiche Bühnenstück »Wolken sind überall« in Hamburg spielt. Nach einem der ersten Theaterabende erscheint sie mit ihrem Mann im Café L'Arronge. Die Stammtischrunde winkt die beiden heran. Es werden unterhaltsame Stunden, die Harry Hermann in diesem Kreis vieler Künstler sehr gefallen. Bald gehört er dazu, sitzt oft neben Pauls Frau und fachsimpelt mit ihr viel über Schlagermusik. Hermann sorgt dafür, dass immer mehr Musiker aus der Staatsoper und vom Rundfunk abends in der Konditorei vorbeischauen und dort bald auch hängenbleiben. Dazu gesellt sich der Dirigent Hans Schmidt-Isserstedt. Er ist der Gründer des NDR-Sinfonieorchesters.

Doch die ungetrübten Stunden mit dem Tanzmusiker Harry Hermann haben Mitte der fünfziger Jahre über Nacht ein Ende. Die noch aktive Sängerin Gisi muss aus der Nähe erleben, wie Harry Hermann auf übelste Weise mitgespielt wird. Er ist das Opfer einer regelrechten »Hasenjagd«, beschreibt Gisi die Situation. Die Künstlerfreunde bei L'Arronge sind erschüttert über diesen Vorgang einer politisch motivierten Verleumdung. Das erinnert an vergangene Zeiten.

Der hochbegabte jüdische Musiker Hermann war als junger Mann Bratschist bei den Wiener Philharmonikern und Mitglied des berühmten Guarneri-Quartetts, reiste in den zwanziger Jahren durch Europa und trat auch in Amerika auf. Nach Hitlers Machtergreifung löste sich das Quartett auf. Harry Hermann floh nach Frankreich, wo ihn später die Nazis verhafteten und nach Auschwitz deportierten. Her-

Als Paul und Gisi das 25-jährige Bestehen ihrer Konditorei feierten, zogen sich drei Große der Musik an einen Ecktisch im Café zurück und fachsimpelten über ihr Metier: der amerikanische Opernsänger Lawrence Winters (links), Komponist Lotar Olias und Dirigent Harry Hermann (rechts).

mann gehörte zu den wenigen Überlebenden in dem Vernichtungslager, die von vorrückenden sowjetischen Truppen am 27. Januar 1945 befreit werden konnten. Kurz nach dem Krieg holten die Engländer ihn nach Hamburg zum Rundfunk. Die Hoffnung, nun in Frieden künstlerisch zu arbeiten, die schlimme Vergangenheit hinter sich zu haben, erfüllte sich aber nicht für ihn.

Der »Fall Hermann« stürzt auf die Hamburger Musikwelt, als 1956 publik wird, dass es im Hause der Hamburger Rundfunkanstalt ein Kesseltreiben gegen den Orchesterleiter gibt. Die Gerüchte sind perfide. So wird behauptet, Harry Hermann heiße in Wahrheit nicht so, wie er sich nenne. Er hätte nach 1945 den Namen seines Bruders, der im KZ umgekommen war, angenommen, um sich aufgrund seiner »angeblichen Vergangenheit« Vorteile und eine schnelle Musikerkarriere im befreiten Deutschland zu erschleichen. Unter anderem hätte er sich die eingebrannte KZ-Nummer am Unterarm auf der Reeperbahn in Hamburg tätowieren lassen.

Die Situation wird immer abenteuerlicher, als Rundfunkintendant Hilpert seinem Orchesterchef mitteilen muss, dass die Hamburger Kripo ein Ermittlungsverfahren gegen den Künstler veranlasst habe. Harry Hermann wird vorgeladen, es werden Fotos von ihm gemacht und auf zwölf Seiten Papier Fingerabdrücke von ihm genommen. In Wien und Paris werden sogar Zeugen angehört. Die polizeiliche Untersuchung in Hamburg leitet ein gewisser Kriminalobersekretär Naß, über den die lokale Presse in Hamburg berichtet, dass dieser Mann im Dritten Reich bei der Gestapo war.

Wochen vergehen. Dann kommt die nüchterne Mitteilung der Hamburger Staatsanwaltschaft: Das Ermittlungsverfahren gegen den Künstler sei eingestellt worden. Der sogenannte Fall Hermann, der auf Verleumdung und Missgunst beruhte, ist beendet. Rundfunkintendant Hilpert gibt für die Sendeanstalt eine erstaunlich offene Erklärung ab: Die Rufmordkampagne gegen Harry Hermann »ist zweifellos von Kreisen innerhalb und außerhalb des Funkhauses ins Rollen gebracht worden, die ihn beseitigt sehen wollten«.

Harry Hermann wird nur 62 Jahre alt, er stirbt am 10. Juni 1961. Zu der Beisetzung auf dem Jüdischen Friedhof in Hamburg erscheinen viele Künstler, auch sein Freund Max Schmeling ist gekommen. Wenige Tage vorher hat Hermanns Haushälterin Erna Gisi L'Arronge angerufen und ihr mitgeteilt, dass es mit Harry jetzt wohl zu Ende gehen würde. Er habe noch eine letzte Bitte: »Er möchte Sie noch

»Nächste Woche bei L'Arronge!« So lauteten in den fünfziger Jahren die regelmäßigen Verabredungen in Hamburg, was unweigerlich zu einem Gruppenbild führte, wie hier 1957: Max Schmeling (links), Hausherr Paul L'Arronge, sein Freund Tommy Bodendiek, Springer-Direktor Rolf von Bargen, die Musiker Harry Hermann und Lotar Olias und auf dem Sessel Hausherrin Gisi.

einmal sehen, kommen Sie bitte, Frau L'Arronge, es ist sein letzter Wunsch.« Gisi fährt sofort hin und verabschiedet sich von ihm.

In ihrer Erinnerung ist Harrys Feinfühligkeit geblieben, wenn beide für Rundfunk- oder Fernsehaufnahmen zusammenarbeiteten. Er wusste, dass Gisi bei solchen Auftritten immer ein wenig Angst hatte, weil sie meinte, sie habe keine so schöne Stimme wie zum Beispiel ihre Kollegin Gitta Lind. Deshalb arrangierte Hermann einen kleinen Chor im Hintergrund, das gab seiner Solistin mehr Sicherheit.

Was von Harry Hermann bis heute geblieben ist, außer den alten und schönen Aufnahmen mit seinem Orchester, ist ein Begriff, den er erfunden hat und der längst in den deutschen Sprachschatz eingegangen ist: »Schnulze«. Der Gründer der Zeitschrift *HÖR ZU*, Eduard Rhein, hat die Entstehungsgeschichte dieses eingängigen Begriffs in den fünfziger Jahren beschrieben. Während eines Fernsehgesprächs zwischen Werner Höfer, dem Moderator der sonntäglichen Fernsehrunde »Internationaler Frühschoppen«, und Harry Hermann über kitschige, rührselige und triviale Schlagertexte zögerte der Orchesterchef: »Immer und immer wieder diese – diese ...« Und dann kam das Wort heraus: »... diese Schnulzen!« Das Wort machte schnell die Runde und ging in alle Lexika ein.

GISI, ZARAH
UND EIN KOGNAK ZU VIEL

Zu den künstlerischen Legenden, für die »das L'Arronge« ein Zuhause ist, wenn sie nach Hamburg zu Auftritten oder Filmaufnahmen kommen, gehört auch Zarah Leander, die Schwedin, eine Frau mit Vergangenheit. Die dunkelstimmige »Femme fatale« verzückte die Deutschen in den dreißiger Jahren. Sie verkörperte in ihren Filmen leidenschaftliche Frauen wie keine andere Schauspielerin. Ihre Lieder »Kann denn Liebe Sünde sein?« und »Ich weiß, es wird einmal ein Wunder geschehn« ließen einst ihre deutschen Zuhörer dahinschmelzen. Die Leander gehört nach dem Krieg zu den Gescholtenen, die in der NS-Zeit zu Diven des Dritten Reiches aufgestiegen waren. Von Propagandaminister Goebbels, dem auch die cineastische Traumfabrik Babelsberg bei Berlin unterstand, ließ sie sich instrumentalisieren, was ihr später den Ruf einbringt, eine »Nazisirene« gewesen zu sein. Auch für sie war es eine Zeit der schmalen Gratwanderung: sich einfangen zu lassen oder politische Distanz zu halten. 1943 kehrte sie dem Nazireich den Rücken und zog sich nach Schweden zurück.

Die ersten Nachkriegsjahre sind vergangen, da kehrt die Leander zurück und tritt in der jungen Bundesrepublik und in West-Berlin wieder auf. Anfang der fünfziger Jahre führt eine ihrer Konzerttourneen sie in die Stadt an der Elbe. Für

Gisi L'Arronge soll es ein Schlüsselerlebnis in der Hamburger Musikhalle werden. Veranstalter ist der damalige Nordwestdeutsche Rundfunk, der Zarah Leander zu einem musikalischen Abend eingeladen hat. Das Programm wird vom

Auftritt Anfang der fünfziger Jahre in der Hamburger Musikhalle. Star des Abends ist Zarah Leander. Gisi: »Ich war so furchtbar nervös.« Und am Ende dann doch der Erfolg. Gisi, in einer langen weißen Robe, verbeugt sich, lächelt glücklich und ist froh, gut rübergekommen zu sein.

Fernsehen aufgezeichnet. Kapellmeister ist Alfred Hause. Zarah Leander ist der Star des Abends, und Gisi, die außerhalb der Aufnahmestudios nur noch selten als Schlagersängerin vor Publikum auf der Bühne steht, soll vor Freundin Zarah an das Mikrofon, »gewissermaßen als Rahmenprogramm«, erinnert sich Gisi.

An diesem Abend ist Gisi übernervös. Sie geht in der Künstlergarderobe auf und ab, vom Lampenfieber gepackt. Zarah beobachtet die Freundin und sagt in ihrem berühmt gutturalen Ton: »Abärrr Kind, jääätzt trinkst du einen Kognak, dann gäääht alles viel besser, du brauchst dich doch nicht aufzurääägen.«

Gisi lehnt den Kognak ab: »Nein, nicht vor dem Auftritt!« Aber Zarah redet so lange auf sie ein, bis sie doch noch zugreift. Gisi nimmt sogar noch einen zweiten. Dann geht sie Richtung Bühne. Der Pressesprecher des Senders, Peter Boenisch, ruft ihr hinterher, sie solle doch langsam gehen. Doch Gisi stürmt auf die Bühne, Applaus, und sie verbeugt sich tief und immer noch tiefer. Boenisch regt sich auf: »Wenn sie sich noch tiefer verbeugt, fällt sie gleich um!« Auch Alfred Hause beobachtet die Künstlerin dabei genau, und als sie sich langsam wieder aufrichtet, versucht er mehrmals, ihr den Einsatz zu geben. Vor ihr steht der Kameramann Frank Banuscher, der ihr wiederholt zunickt. Sie alle bemerken, dass Gisi beschwipst ist. Schließlich hebt Hause den Taktstock, die Sängerin gibt sich einen Ruck, singt und bringt ihr Lied mit Mühe und Not hinter sich.

Als die Schwestern Ingeborg und Gisela nach dem Krieg noch gemeinsam auftraten: Probe im Studio mit dem Komponisten Eric Dooren (links) und dem Schlagertexter Walter Rothenburg, der nebenbei auch Box-Promoter war. Einer der erfolgreichen Titel hieß: »Wir seh'n uns wieder auf St. Pauli«.

Das Publikum aber ist begeistert. Gisi im großen Abendkleid, bildhübsch anzusehen, verbeugt sich vor ihren Zuhörern, tief und tiefer und immer noch tiefer, dass die Beobachter hinter der Bühne glauben, es würde nie enden. Boenisch zischt: »Nun komm doch endlich von der Bühne.« Als der Abend in der Musikhalle endet, erhebt sich Paul von seinem Sitz in der zweiten Reihe, rennt hinter die Bühne, nimmt seine Frau in den Arm und sagt ihr, dass er »hundert Tode gestorben« sei. Gisi geht in die Garderobe von Zarah, die sie fragt: »Nuuun mein Kind, wie ist äääs gelaufen?« Gisi, mit den Nerven noch ganz runter: »Schrecklich war es, gerettet hat mich Kameramann Banuscher, der mir beruhigende Zeichen gab, damit ich mich wieder fassen konnte.«

Mit Frank Banuscher hinter der Kamera verbindet sich das berühmteste Abendessen, das es je im Fernsehen gegeben hat. Er dreht im Jahre 1963 den 18 Minuten dauernden Zwei-Personen-Sketch »Dinner for One« mit Miss Sophie

Die Außenaufnahmen für den Film »Frau im besten Mannesalter« haben 1950 in Hamburg begonnen. Gisi (die Zweite von rechts) mit dem Regisseur Axel von Ambesser, in der Mitte die Schauspieler Marianne Koch und Bernhard Wicki, links der Darsteller Hans Arno Simon und im Hintergrund das »Roland-Trio«.

und ihrem Butler James, der ständig über den Kopf eines Tigerfells stolpert. Der große Fernsehunterhalter Peter Frankenfeld und Regisseur Heinz Dunkhase hatten das Zwei-Personen-Stück in einem englischen Theater entdeckt und in die Bundesrepublik geholt. Im Studio B des Norddeutschen Rundfunks schlug dann die Geburtsstunde des silvesterlichen Kultstückes mit den beiden englischen Schauspielern vor Banuschers Kamera.

Auch ein halbes Jahrhundert später kann sich Frank Banuscher, einst Chefkameramann des NWDR und 1988 mit der »Goldenen Kamera« ausgezeichnet, an den Abend in der Hamburger Musikhalle erinnern, als »wir alle noch so herrlich jung waren. Ich stand hinter der Kamera und sah sofort, wie nervös die Gisela war, als sie auf die Bühne kam und sich verbeugte. Sie zitterte vor Aufregung. Ich versuchte, sie mit mäßigenden Handzeichen zu beruhigen. Und dann nach ihrem Song war alles wieder gut. Das Publikum applaudierte lange, und Gisela strahlte befreit. Ich habe sie und ihre Schwester Ingeborg schon seit einigen Auftritten der beiden gekannt – zwei sehr schöne Frauen. Ich sehe die beiden immer noch vor mir, wie sie damals als Duo ihren Topschlager ›Rum and Coca-Cola‹ sangen. Gisela war ich zum ersten Mal im Café von Paul L'Arronge begegnet. Es war *das* Café in Hamburg damals. Wenn Paul auf einen zukam, hatte man den Eindruck, einen Lord aus dem britischen Oberhaus vor sich zu haben, hochgewachsen, schlank, grau meliertes Haar und penibel gekleidet, ein eleganter

Mann. So vornehm, wie er war, so war auch sein Etablissement in der Dammtorstraße.«

Peter Boenisch, mit dem Gisi auf Du und Du steht, seit er zum Prominentenkreis der Stammtischrunde in Pauls Konditorei gehört, tröstet sie nach dem Auftritt an jenem Abend in der Musikhalle. Die meisten Zuschauer hätten doch gar nichts gemerkt. »Ach, der Peter, der hat mich doch nur beruhigen wollen«, erinnert sich Gisi an den »furchtbaren Abend«. Peter Boenisch stand damals vor einer großen Karriere. Er gründete 1956 die Jugendzeitschrift »Bravo«, ging danach zum Springer-Verlag, wurde Chefredakteur von *Bild*, dann von *Bild am Sonntag*, danach der *Welt* und wechselte schließlich in die Politik zur Kohl-Regierung, deren Regierungssprecher er war.

Wenige Wochen nach dem Kognak-Zwischenfall in der Hamburger Musikhalle begegnet Gisi zum ersten Mal der noch sehr jungen Caterina Valente. Gisi hat schon einige Auftritte im Nordwestdeutschen Rundfunk hinter sich, während Caterina noch ganz am Anfang ihrer großen Karriere steht. Gisi redet bei einer passenden Gelegenheit auf die Rundfunkleute ein: »Kümmert euch doch mal um Caterina, sie ist doch eine große Begabung. Das Mädchen ist toll.« Auch diese Begegnung ist der Beginn einer langen Bekanntschaft. Die begeisterte Gisi lädt das begabte Mädchen zu sich nach Hause ein. Caterina erscheint mit Bruder Silvio Francesco. Sie sitzen im Hause L'Arronge den ganzen Abend vor dem Kamin, Silvio spielt Gitarre, und seine

Schwester singt dazu. Paul und Gisi sind hingerissen und überzeugt, zwei aufgehende Sterne im Showgeschäft bei sich zu haben. Wie weitsichtig!

Bald gehört »die Valente« zu den Großen, und Hamburg wird auch mit ihr zur westdeutschen Showstadt avancieren. In den sechziger Jahren erreicht sie eine Weltkarriere, und wer heute unter den Zeitzeugen von damals auf einem Plattenlabel ihre Titel »Ganz Paris träumt von der Liebe« oder »Tschau Tschau Bambina ...!« liest, kann auch noch die Melodie summen. Stars wie sie, ob Mirelle Mathieu, Udo Jürgens, Gilbert Bécaud, Tom Jones, die Beatles, die Rolling Stones, treten in Hamburg auf oder beginnen ihre spektakulären Deutschlandtourneen in dieser Stadt.

Es ist eine Zeit des Umbruchs. Hamburg und das zweite Jahrzehnt nach dem Krieg wird zum gegensätzlichsten Dezennium. Die Gesellschaft legt Althergebrachtes aus der Welt der »anständigen« Sitten ab und lernt eine neue Freizügigkeit, macht die Bekanntschaft mit dem umfassenden Begriff »Sex«. Mary Quant, eine Modemacherin in England, erfindet den Minirock. Das Röckchen, das mindestens zehn Zentimeter über dem Knie endet, löst erst Empörung und dann eine ungeahnte Verkaufswelle in der jungen Damenwelt aus. Hippies fordern die freie Liebe, und in Hamburg wird das erste Eroscenter eröffnet. Eine Karriere als Star und Liebling der Massen macht ein junger und stämmiger Mann, der wie kein anderer die Bürger dieser Stadt begeistert: Uwe Seeler vom HSV. Er schießt im Endspiel um die deutsche Fußballmeisterschaft 1960 das Siegtor zum 3:2 gegen den 1. FC Köln. Hunderttausende Hamburger feiern das Ereignis.

Die Hamburger schließen diesen jungen Fußballer nicht nur wegen seines sportlichen Könnens in ihr Herz. Für sie ist Uwe Seeler einer, der hier an der Elbe »Hamburger Jung« genannt wird: bodenständig, geradlinig und unkompliziert und in seiner Geburtsstadt tief verwurzelt. Seit er das Angebot aus Italien ablehnte, für 1,2 Millionen Mark vom HSV nach Mailand zu gehen, nennen ihn die Hamburger nur noch »Uns Uwe«. Das ist so viel wie ein Adelstitel für diesen skandalfreien Mann, der Ehrenbürger Hamburgs ist, 1970 nach 72 Länderspielen als erster Sportler das Große Bundesverdienstkreuz erhält und Ehrenspielführer der Nationalmannschaft ist. Später diktiert er seine Autobiografie mit dem treffenden Titel *Danke, Fußball!* Und doch gab es Halbzeiten in seinem Leben, Mußestunden im Kreise der Familie: »Dann zog es uns in die Innenstadt in die Konditorei L'Arronge. Sie war immer ein sicherer Griff für mich, wenn ich nach dem Training beim HSV dort einkehrte oder mit meinen Eltern nach einem Stadtbummel am späten Nachmittag. Und später dann mit meiner Frau – ja, das war in den fünfziger und sechziger Jahren. Auch wenn ich mit Bekannten und Freunden unterwegs war, musste L'Arronge immer der Abschluss eines schönen Tages sein. Alle waren begeistert von der gediegenen Atmosphäre und dem herrlichen Kuchenangebot. Als dann 1970 bekannt wurde, dass Paul

L'Arronge sein Café schließen würde, waren alle sehr traurig, ich auch. Ein Freund sagte zu mir: ›Uwe, uns wird etwas fehlen.‹ Er hatte recht. Ein gutes Stück Hamburg ging uns damals verloren.«

Ein Datum, das die Stadt nicht vergessen wird, ist der 16. Februar 1962. An jenem Abend hören die Menschen an den Radios und Fernsehgeräten, dass sich über der Deutschen Bucht ein Sturmtief mit Windstärken bis elf aufgebaut hat. Innensenator Helmut Schmidt kündigt im Fernsehen an, dass die Hamburger mit viereinhalb Meter Hochwasser rechnen müssen. Das ist die Flutkatastrophe, die den Ortsteil Wilhelmsburg am schwersten trifft. Zum ersten Mal wird die Bundeswehr von Schmidt zu einem Inlandseinsatz aufgefordert. In Wilhelmsburg klettern die Einwohner auf die Dächer ihrer Häuser und werden von Militärhubschraubern gerettet. Der Innensenator

L'Arronge – Hamburgs gute Café-Stube im Stil jener Jahrzehnte, gediegen und kostbar eingerichtet, in der man sich traf. Es ist ein Bild wie aus einer versunkenen Welt.

verkündet: Gegen Plünderer darf die Schusswaffe eingesetzt werden. Der Sturmflut fallen 318 Menschen zum Opfer, 6000 Gebäude werden zerstört. Schmidts Katastrophenregie begründet seinen Ruf als Krisenmanager, befähigt für viel größere Aufgaben in der kleinen Bundeshauptstadt Bonn am Rhein.

Nur acht Monate nach der Naturkatastrophe muss die Bundesrepublik wieder auf Hamburg schauen. Die »Spiegel-Affäre« löst mit der Veröffentlichung eines Bundeswehrberichts das bis dahin größte innenpolitische Beben in der Bundesrepublik aus. Bundeskanzler Konrad Adenauer spricht von »einem Abgrund von Landesverrat«. Mehrere Redakteure werden verhaftet, darunter auch Chefredakteur Rudolf Augstein, der erst nach mehr als 100 Tagen freikommt. Die Reaktion der Öffentlichkeit ist heftig: Sie wirft Bonn einen schweren Angriff auf die Pressefreiheit vor. Erst 18 Monate danach stellt der Bundesgerichtshof das Verfahren gegen den *Spiegel* ein: keine Beweise für einen Landesverrat.

Krisen und lichte Tage wechseln sich ab. Die Stadt schmückt sich mit internationalem Flair. Frankreichs Präsident Charles de Gaulle kommt an die Elbe. Zehntausende Hamburger haben sich auf dem Rathausmarkt versammelt. Zusammen mit dem Ersten Bürgermeister Paul Nevermann betritt er den Balkon des Rathauses und ruft ihnen zu: »Es lebe Hamburg, es lebe Deutschland, es lebe die deutsch-französische Freundschaft!« Englands Königin Elizabeth II. und

Prinz Philip demonstrieren die deutsch-englische Aussöhnung. Nur der Schah von Persien und seine Farah Diba treffen nicht auf ungeteilte Freude. Hamburgs Studenten gehen gegen die »Jubelperser« vor, es folgen schwere Ausschreitungen.

Der innere Frieden der Republik kommt ins Wanken – doch im Café L'Arronge ist davon nur wenig zu spüren. Gisi und Paul hören, dass sich ihre Gäste bei Kaffee und Kuchen angeregt über die gesellschaftlichen Turbulenzen unterhalten, aber es geht friedlich zu, für Heißsporne ist der hanseatische Salon in der Dammtorstraße kein Quartier.

Die Studenten revoltieren draußen, sehen sich als eine antiautoritäre Bewegung, fordern Mitbestimmung. Das ist der Anfang der »Außerparlamentarischen Opposition«, die APO. Ein Foto, das zwei Studenten im Audimax der Hamburger Universität mit einem Transparent mit der Aufschrift »Unter den Talaren – Muff von 1000 Jahren« in den Händen zeigt, geht im November 1967 wie ein Fanal durch die westdeutsche Studentenschaft. Einer der beiden Protestler ist der Student Hinnerk Behlmer, der später in der Hamburger Politik Karriere macht und Staatsrat wird.

Die Vorbilder der Aufbegehrenden heißen Che Guevara in Kuba und Ho Chi Minh, der Nordvietnamese. Die deutsche Ikone des studentischen Aufbegehrens ist Rudi Dutschke. Auch in den Schulen bahnt sich revolutionäres an. Gegen den massiven Protest der Eltern wird die Sexualkunde als Unterrichtsfach eingeführt. Eine ganz andere Art bahnbrechender Entwicklungen ist dagegen im Hamburger Hafen zu sehen: Das erste Vollcontainerschiff macht fest – der Start in ein neues Zeitalter des Welthandels.

Ein Wirtschaftszweig, der nach dem Krieg den Menschen so viel Zerstreuung brachte, ist dagegen in eine tiefe Krise gekommen: der deutsche Film. Innerhalb von zehn Jahren muss die Hälfte aller westdeutschen Kinos aufgeben. Ein neues Medium, das Fernsehen, hat die Herrschaft angetreten. Gab es 1953 in westdeutschen Wohnstuben erst 10 000 Fernsehgeräte, so sind es nur neun Jahre später schon sieben Millionen.

Im Café L'Arronge wird unter den Künstlern am Stammtisch viel über den Niedergang des deutschen Nachkriegsfilms gesprochen, immerhin ist Hamburg eine der Hochburgen der westdeutschen Spielfilmproduktion. Schauspieler, die noch vor wenigen Jahren im Scheinwerferlicht standen, sind mit einem Mal nicht mehr gefragt, sie passen nicht mehr in die Zeit. Charaktere wie die »Grande Dame« haben ausgedient.

WINNIE MARKUS UND DER SALZBARON

Auch den Leinwandstar der vierziger und fünfziger Jahre, Winnie Markus, hat die westdeutsche Filmkrise unter der vorherrschenden Behauptung »Opas Kino ist tot« sehr getroffen. Die Angebote werden seltener, ein anderer Frauentyp und andere Inhalte werden gesucht, die »Neue Welle« spült die Machart des deutschen Films der Nachkriegszeit fort. Jetzt überrollen andere Einflüsse die deutsche Filmlandschaft, die französische und italienische Filmavantgarde liefert neue Vorbilder.

Für die Filmkritiker war die Schauspielerin Winnie Markus (links) eine Vorzeigefrau für den gut situierten Herrn. Gisi mochte sie sehr und stand der Freundin auch in schweren Stunden zur Seite.

Gisi L'Arronge versteht, dass der Film neue Impulse braucht, und dennoch bedauert sie diese Zeitenwende, weil bestimmte Charaktere des klassischen deutschen Films geopfert werden. Gisi ist von der 1921 in Prag geborenen Winnie Markus immer ebenso hingerissen gewesen. wie Mil-

Man feiert wieder, es sind die Sechziger, die Wirtschaftswunderjahre. Max Schmeling (links), der »Salzbaron« Adi Vogel aus Bayern, der später eine der größten Pleiten in Westdeutschland hinlegt, Gisi L'Arronge und die Schauspielerin Magda Schneider bei Kaffee und Bier im Schloss Fuschl.

lionen andere Kinogänger es in den fünfziger Jahren auch waren. Filmkritiker schrieben von »der Markus« als einer aparten Schönheit, von einer Vorzeigefrau für den gut situierten Herrn. Streifen wie »In jenen Tagen«, »Zwischen gestern und morgen« oder »Roman eines Frauenarztes« mit Rudolf Prack und »Teufel in Seide« gehörten damals zu den erfolgreichsten Kinoproduktionen. Die Menschen schwärmten von dieser Frau, der Gisi L'Arronge bald sehr nahe sein wird.

Wieder ist es Paul L'Arronge, der diese beiden Frauen zusammenführt. Er ist ein Freund des Berliner Hoteliers

Heinz Zellermayer, der mit Winnie Markus seit 1946 verheiratet ist. Bei einem Besuch in Berlin schlägt Paul der Schauspielerin vor, doch mal nach Hamburg zu kommen, um auch seine Frau kennenzulernen. Winnie fliegt nach Hamburg und trifft sich mit Gisi. Beide erkennen, dass sie sich sehr ähnlich sind, nicht nur äußerlich – zwei erfahrene Frauen, die nur vier Lebensjahre trennen, die beide eine Rolle in der Öffentlichkeit spielen und die gleiche Ansichten über das Leben in dieser Zeit haben. Sie verstehen sich von Anfang an gut, bleiben in Kontakt, und allmählich wird daraus eine Freundschaft, die ein Leben lang halten wird. Winnie ist nach dem ersten Treffen nun oft in Hamburg und lässt keine Gelegenheit aus, bei L'Arronge im Café zu erscheinen.

Ende der fünfziger Jahre meldet sich die Schauspielerin bei Gisi, sie ist sehr niedergeschlagen und erzählt ihr, dass ihre Ehe mit dem Berliner Hotelier in der Krise sei. Bald darauf wird sie geschieden. Die Verbindung zu ihrer Hamburger Freundin wird dadurch noch enger. Und nicht nur das. Inzwischen sind sie zu einem Dreiergespann geworden: Gisela, Winnie und beider Freundin Ilse Werner.

Winnie Markus zieht sich 1960 von der Schauspielerei zurück, als sie sich in den wohlhabenden Unternehmer Adi Vogel aus Bayern, eine schillernde Figur aus den Wirtschaftswunderjahren, verliebt und diesen reichen Mann heiratet. Das Paar lebt auf dem imposanten »Pflieglhof« mit einem weiten Blick auf den Tegernsee. Adi Vogel ist in der westdeutschen Wirtschaftswelt bekannt dafür, auf großem Fuß zu leben. Er hat die Reichenhaller Salinen gekauft und wird seitdem von den Bayern nur noch der »Salzbaron« genannt. Winnies Mann kauft eine Rinderfarm in Argentinien, steigt in die Ölindustrie von Venezuela ein, erwirbt in Österreich das berühmte Schloss Fuschl bei Salzburg und wird Eigentümer einer Luxusherberge, dem Salzburger Goldenen Hirschen, in dem der Dirigent Herbert von Karajan und der Schlagerstar Udo Jürgens einen Stammtisch haben.

Als »legendär« rühmen die Bayern Vogels alljährliche Jagdfeste, zu denen Adel, Industrielle und die Größen des Showgeschäfts geladen sind. Auch die Paare L'Arronge und Max Schmeling und Anny Ondra kommen, und am Abend des Festtages wird es feierlich: Auf dem Innenplatz des alten bayerischen Gutshofs leuchten die Fackeln, und der Bischof von Salzburg gibt der Strecke erlegten Wildes weihevoll den Segen.

Doch all der Glanz des schnellen Reichtums erlischt. Als Adi Vogel mit weiteren Geschäften den Hals nicht voll genug bekommen kann, wird seine Finanzwelt vom großen Knall erschüttert. Vogels Unternehmungen brechen zusammen, 1976 ist er pleite. Die bundesdeutsche Öffentlichkeit nimmt die immensen Schuldenberge dieses Unternehmers mokant zur Kenntnis. Ehefrau Winnie muss den »Pfleglhof« verkaufen, kann dort aber bleiben, weil sie ein lebenslanges Wohnrecht hat. Geblieben sind ihr noch ein Hotel auf Ibiza und ein »paar versteckte Mark«.

Paul L'Arronge, der korrekte hanseatische Kaufmann, sagt zu seiner Frau: »Adi war verrückt, wie konnte er sich nur ständig neue Millionen bei den Banken leihen, obwohl er doch schon lange wusste, dass er sie niemals zurückzahlen kann.« Die Regierung in Wien untersagt ihm sogar die Einreise nach Österreich. Winnies Mann setzt sich von seinen Schuldnern ab und flüchtet durch mehrere Länder. Er stirbt 1993. Er wird auf dem Hauptfriedhof am Tegernsee beigesetzt. Unter den Trauergästen ist auch Vogels enger Freund, der im Zweiten Weltkrieg bekannte Jagdflieger Adolf Galland.

Das Dreiergespann über Jahrzehnte. In den achtziger Jahren treffen sie alle in Hamburg zusammen: Gisi, Ilse Werner und Winnie Markus. Es war ihr letztes gemeinsames Zusammenkommen.

Winnie war 33 Jahre mit Adi Vogel verheiratet. Ein Jahr nach seinem Tod spricht die Witwe erstmals wieder über ihn: Er hätte sich im vergangenen Herbst von ihr »verabschiedet«, er sei von ihr »gegangen«. Das Wort Tod nimmt sie nie in den Mund.

Der Finanzskandal zwingt Winnie Markus, die Schauspielerei wieder aufzunehmen, sie braucht Geld und Ablenkung. Sie ist wieder im Theater zu sehen, auch im Fernsehen. 1996 kommt Winnie nach Hamburg zum 75. Geburtstag von Kollegin und Freundin Ilse Werner. Nach Jahren sind sie wieder zusammen, Gisi, Ilse und Winnie. Sie plaudern über die Vergangenheit und natürlich auch über Pauls Konditorei, in der so viele Künstler nach dem Krieg vom »Chef durchgefüttert« worden sind. Es ist das letzte Mal, dass die drei Freundinnen zusammen sind.

Während einer Theaterprobe an den Münchner Kammerspielen im März 2002 ruft Winnie Markus ihre Gisi in Hamburg an und bittet sie, nach München zu kommen. Es ginge ihr nicht gut. Gisi fährt zu ihr und sieht mit an, wie ihre Freundin zusammenbricht und ins Krankenhaus gebracht wird. Winnie Markus stirbt am 9. März 2002.

Am Ende ist nur Gisi von dem Dreiergespann übrig geblieben. Wenn sie heute die Bilder ihrer beiden Freundinnen Ilse und Winnie in die Hand nimmt, kommt noch immer ein verklärtes Lächeln in ihr Gesicht.

BRUCHLANDUNG MIT HEINZ RÜHMANN

Gisi hatte schon als junges Mädchen den großen Traum vom Fliegen. Sie wollte gern Pilotin werden. Doch es blieb immer nur ein Wunsch. Der Krieg und die Zeit danach waren nicht geeignet, sich solch einen Traum zu erfüllen. Aber reden konnte man ja darüber.

Im Jahre 1947 steht sie zum ersten Mal einem Mann gegenüber, der eine Legende des deutschen Films ist und, wenn er in Hamburg dreht, regelmäßig am Stammtisch in der Konditorei ihres damaligen Freundes Paul erscheint: Heinz Rühmann. Die L'Arronges und die Rühmanns – das ist ein Kapitel, das Jahrzehnte umfasst. Jedes Mal geht ein Raunen durch die Kundschaft im Café L'Arronge, wenn Heinz Rühmann und seine Frau, die Schauspielerin Hertha Feiler, die Konditorei betreten. Für Gisi gibt es dann immer ein Gesprächsthema: »Heinz mit dem Pilotenschein«. Zwei Jahre später erzählt Rühmann seiner begeisterten Zuhörerin Gisi, dass er bald in die Schweiz nach Ascona fahren müsste, um dort seine Fluglizenz zu erneuern. Den Deutschen und Österreichern ist es von den Siegermächten bis 1955 untersagt worden, in ihren Heimatländern zu fliegen oder fliegen zu lernen. Also weichen viele Hobbypiloten aus und erneuern ihre Fluglizenz im schweizerischen Ascona. Rühmann ist einer von ihnen, neben dem Dirigenten

Herbert von Karajan, dem Hamburger Druckereibesitzer Richard Gruner und dem Industriellen Alfried Krupp von Bohlen und Halbach.

Ascona gilt unter den deutschen Privatpiloten kurz nach dem Krieg, in den Jahren des ersten Aufschwungs, als Keimzelle für die gehobene Freizeitbeschäftigung, die sich nur wenige Bundesrepublikaner leisten können. Ein kluger Tessiner namens Emanuele Bianda – von Fliegern und Freunden kurz »Lello« genannt – erkannte bald nach dem Krieg die Chance und stampfte seinen kleinen Flugplatz aus dem Boden. Lello hatte am Rande Asconas, nahe dem Gebirgsfluss Maggia, ein großes Stück Land erworben und darauf seine Start- und Landebahn gebaut. Aus einem alten Schuppen auf dem Feld machte er ein kleines Restaurant. Unter den Künstlern und Unternehmern der 1945 Besiegten sprach sich dann der Geheimtipp »Bei Lello im Tessin« schnell herum. Waren die Flugstunden beendet, speisten sie bei Lello gekochtes Rind-

Zwei leidenschaftliche Flieger: Schauspieler Heinz Rühmann und Gisi vor dem Abflug in die Südschweiz, ins Tessin, das beide so liebten.

fleisch oder gegrillte Hühnchen. Und hinter dem Lokal warteten zwei einmotorige Maschinen, die der amerikanischen Armee als Beobachtungsflugzeuge im Krieg gedient hatten, auf neue Flugschüler.

Als Rühmann von seinen Ascona-Plänen erzählt hat, wittert Gisi eine Chance, sich den alten Wunsch ihrer Jugendzeit vielleicht doch noch erfüllen zu können. Sie überredet Paul, gemeinsam mit Rühmanns in die Schweiz zu reisen. Die vier nehmen sich ein Hotel in Ascona. Paul und Hertha Feiler machen mit dem Auto Ausflüge am Lago Maggiore, Gisi und Heinz Rühmann kreisen währenddessen täglich über den Bergen und Tälern der Umgebung. Heinz sitzt am Steuerknüppel einer geliehenen Cessna oder einer Piper und neben ihm Gisi, die jeden Handgriff, den Heinz macht, genau beobachtet und bei jedem Flugmanöver fragt, warum er das jetzt tue. Und so glaubt die begeisterte Flugbegleiterin, allmählich ein Gefühl für das Fliegen zu bekommen.

Rühmann ist ein sehr guter Lehrmeister. Andere Piloten lobten seine fliegerischen Fähigkeiten, die weit über dem Durchschnitt liegen. Einer seiner Lehrer war in den dreißiger Jahren der bekannte Jagdflieger Ernst Udet. Und das Fliegen machte der Schauspieler dann auch zu einem filmischen Sujet in dem 1941 produzierten Streifen »Quax, der Bruchpilot«.

Nach zehn gemeinsamen Ferienreisen mit den Rühmanns in den Süden treffen sich die beiden Paare Ende der fünfziger Jahre wieder einmal in der Schweiz. Paul und Hertha mieten sich ein Auto und fahren nach Lugano. Gisi und Heinz Rühmann, der inzwischen seine neue Fluglizenz in der Schweiz bekommen hat, besteigen auf dem Flughafen von Zürich eine einmotorige Piper und starten Richtung Ascona in den Süden. Es ist ein herrlicher Nachmittag, warm und wolkenlos, und beide genießen die Fernsicht, mit dem herrlichen Alpenmassiv vor Augen. Heinz informiert seine Begleiterin über dies und das beim Fliegen, auch darüber, dass man den kleinen Flugplatz von Ascona immer nur bei Tageslicht anfliegen darf, und wegen des dort vorherrschenden Windes von der Bergseite her. Die beiden sind aufgekratzt, bei solch herrlichem Wetter über die Alpen zu fliegen. Aus Jux geben sie sich für diesen Flug neue Vornamen: Rühmann nennt seine Begleiterin im Cockpit »Gustaf«, und für Gisi heißt der Pilot »Franz«. Der Flug scheint problemlos. Doch mit einem Mal muss »Gustaf« beobachten, dass »Franz« nervös wird, was Gisi gar nicht von ihm kennt. Er hat nur noch das Armaturenbrett der Maschine im Blick.

»Gustaf, schau auf die Karte, guck, wo wir sind!«

»Was heißt, wo wir sind? Weit rechts ist Bern hinter uns, unter uns der Gotthard und vor uns das Tessin!«

»Nein, nein – irgendetwas stimmt nicht … ich glaube, die Tragflächen vereisen!« Gisi weiß, dass das für ein Flugzeug eine gefährliche Situation sein kann. Heinz zieht an verschiedenen Hebeln, und nach einigen Schrecksekunden bekommt er die Lage wieder in den Griff. Er steuert die Maschine steil nach unten auf einen Gletscher zu und zieht

Pilot Heinz Rühmann und seine Begleitung Gisi. Ein Flugplatz-Angestellter machte ein Foto von den beiden, das Heinz ihr später mit der ironischen Widmung und der Nennung ihrer Kosenamen schickte: »Sieh Dir das gut an, Gustaf! Eure Scheuheit! Dein Heinrich«.

sie wieder steil nach oben. Die dünnen Eisplacken sind verschwunden. Heinz Rühmann ist nach diesem Manöver so fertig, dass er kaum noch steuern möchte. Gisi muss das Steuerhorn übernehmen und fliegt die Maschine weiter. Sie hat ja von ihrem Nebenmann viel gelernt. Heinz sagt nur: »Immer geradeaus und die Höhe halten!« Vor ihnen taucht, noch weit entfernt, der im Sonnenlicht glitzernde Lago Maggiore auf. Heinz, der sich von dem Zwischenfall langsam erholt hat, sagt zu Gisi, dass er gleich wieder übernehmen werde, um die Bergkurve einzuleiten. »So, jetzt Finger weg vom Steuerhorn, es ist so weit!« Die Kurve wird genommen, und Heinz geht zum Anflug über.

Vor den beiden liegt die Landebahn von Ascona – eine Rasenpiste. Plötzlich sehen sie einen Mann, eine Frau und ein Kind, die mitten auf der Landebahn spazieren gehen. Um die drei herum tollt auch noch ein Hund. Heinz wird laut, jetzt müsse er durchstarten, aber dafür ist es schon zu spät, die Maschine schwebt schon zu weit unten. Er überfliegt die Spaziergänger noch knapp, setzt auf, und plötzlich bricht die einmotorige Maschine nach rechts aus in matschiges Gelände, bleibt ruckartig stehen, stellt sich ganz langsam auf den Kopf, verharrt Sekunden in dieser Stellung, dann kippt sie langsam und liegt schließlich auf dem Rücken. Gisi hängt kopfüber im Gurt, Heinz zieht den Schlüssel raus, kriecht unter Gisi hindurch aus dem Cockpit und fällt auf die Rasenpiste. Er steht auf, befreit Gisi aus dem Gurt, fängt sie auf und zerrt sie aus dem Flugzeug.

Der Schreck ist beiden in die Knochen gefahren. »Quax, der Bruchpilot« – nun auch im wahren Leben – und Gisi setzen sich auf den Flügel der kleinen Maschine. Sie atmen ein paarmal tief durch.

»Ist dir was passiert?«

»Nein, dir?«

»Nein, mir auch nichts.«

Gisi hat bei der Bruchlandung nur eine kleine, harmlose Schramme abbekommen. Beide sehen das herbeirennende Flugplatzpersonal, Lello, der Besitzer des Platzes, und drei Mitarbeiter. Als sie vor den beiden und der umgekippten Maschine stehen, sagt Lello: »Herzlichen Glückwunsch zum Geburtstag!« Gisi und Heinz werden von den vier Männern in die Mitte genommen und zum Restaurant des Platzes geleitet. »Jetzt trinken wir erst mal einen.« Viel sei ja nicht passiert, der Unfall könne der Luftfahrtbehörde auch noch nachher gemeldet werden. Sie trinken fünf bis sechs Pernod – wie man das so macht unter Piloten, wenn's brenzlig geworden ist.

Heinz und Gisi sind danach recht angeheitert und gehen zu Fuß in ihr Ferienquartier, das nicht weit von der Piste entfernt liegt. Dort setzen sich beide auf die Terrasse, trinken noch einen Whisky obendrauf und warten auf Paul und Rühmanns Frau Hertha. Die wundern sich nicht schlecht über die Angeheiterten, wie sie da in ihren Sesseln sitzen.

»Was ist denn mit euch los?«, fragt Paul. »Nichts, wir haben nur lange auf euch gewartet«, spielt Gisi den Eindruck herunter.

Kein Wort fällt über die Dramatik der letzten Stunden. Die vier Urlauber gehen am Abend in das Restaurant Borromeo zum Essen, und sie scherzen, als sei nichts gewesen. Heinz und seine Mitreisende haben sich schon ein wenig gefangen. Das Essen wird serviert. Da öffnet sich die Lokaltür, und mehrere Herren kommen rein, nehmen Platz. Es sind die Inhaber von kleinen Asconeser Handwerksbetrieben, der Klempner, der Tischler, der Elektriker und andere, die sich hier jeden Abend treffen. Als sie die Viererrunde sehen, heben sie die Arme und rufen durchs Lokal: »Herzlichen Glückwunsch!« Gisi tritt Heinz unterm Tisch mit dem Fuß gegen sein Bein. Sie reagieren auf den Jubel gar nicht. Die Herren setzen sich, tuscheln und blicken wiederholt verstohlen zum anderen Tisch.

Der Unfall auf dem Flugplatz hat sich in Windeseile in dem Tessiner Städtchen herumgesprochen. Nur Paul und Hertha wissen nach wie vor davon nichts. So endet der abenteuerliche Tag von Ascona. Am nächsten Morgen beim Frühstück spürt Gisi das schlechte Gewissen. Sie erzählt Paul, was passiert ist. Er schimpft nicht, er ist einfach nur froh, dass seine Frau und Heinz heil davongekommen sind.

Noch am selben Tag fahren beide zurück nach Hamburg. Auch die Rühmanns müssen abreisen, weil für Heinz Dreharbeiten in Berlin beginnen. Sie kommen lange nicht wieder zusammen und hören auch lange nichts voneinander, bis bei L'Arronges in Hamburg das Telefon klingelt, am Apparat eine sehr aufgeregte Hertha Feiler: »Gisi, ich muss dich mal sprechen. Du bist vielleicht eine! Wir haben vom Aero-Club in Ascona einen Brief bekommen. Da steht alles drin, über die Spaziergänger und die missratene Landung von Heinz und dir!« Gisi beschwichtigt sie, gesteht ihr, dass sie Paul längst schon alles gebeichtet und geglaubt habe, dass auch Heinz inzwischen alles erzählt hätte.

Später hat auch das Hamburger Nachrichtenmagazin *Der Spiegel* von der Bruchlandung erfahren und schildert den Unfall, unter anderem mit dem schillernden Satz: »Da flogen die Spitzendessous der mitfliegenden Sängerin Gisela

Griffel durch die Luft und wehten über das Flugfeld.« Als Gisi das liest, muss sie lachen und sagt zu Paul: »Was für ein Quatsch. Ich hatte doch gar kein Gepäck bei mir.«

Die Flugaffäre hat der Verbindung L'Arronge / Rühmann nicht geschadet. Paul, Gisi und die Rühmanns verabreden sich zu weiteren gemeinsamen Reisen. Eines der nächsten Urlaubsziele ist Sizilien. Dort fragt Gisi Heinz halb im Scherz, ob man denn nicht mal wieder gemeinsam fliegen wolle. Sie lachen schallend über sich selbst; denn sie wissen beide, ihre Partner wären sehr dagegen. Und Gisis alter Traum vom Pilotenschein ist damit ein für alle Mal zerstoben.

Hertha war Rühmanns »ganz große Liebe«. Er hatte sich 1934 in sie verliebt, und fünf Jahre danach heirateten sie. Sie galten als ein Musterpaar, das von den Menschen angehimmelt wurde. Hertha Feiler ist vielen noch aus den Filmen »Wenn der weiße Flieder wieder blüht« aus den fünfziger Jahren und »Charleys Tante« an der Seite ihres Mannes in Erinnerung. Ein ideales Paar sind sie, ob im Film oder im wirklichen Leben. Nur in einem hat Heinz Rühmann Schwierigkeiten mit seiner Frau. Er kann einfach nicht mit Herthas angeborener Ängstlichkeit umgehen. Das ist Gisi oft aufgefallen. Die vier waren einmal im Kleinen Walsertal zum Skifahren, und eines Morgens kam Hertha aufgeregt zum Frühstück, zeigte auf eine winzige Beule an der Stirn und meinte gleich, sie hätte Krebs. Gisi und Paul haben sie in solchen Situationen aufgefordert, nicht immer an das Schlimmste zu

Heinz Rühmann spielt in Hamburg Theater. An einem freien Abend trifft er sich mit Paul und Gisi zu einer Barkassenfahrt im Hafen.

denken, sie solle doch aktiv und positiv sein, aber Heinz nahm sich das immer zu Herzen.

Monate vor ihrem Tod im Jahre 1970, als sie schon spürte, dass sie nicht mehr lange leben würde, hat Hertha Feiler in einem Brief an Freundin Gisi eine große Bitte niedergeschrieben: »Kümmere Dich um Heinz. Er kann nicht allein sein, sonst kommt er mit dem Leben nicht zurecht. Er braucht eine Frau an seiner Seite.« Rühmann ist zu dieser Zeit 68 Jahre alt. Auch nachdem Hertha Feiler am 2. November 1970 in München nach langer Krankheit gestorben ist, bleibt Heinz den beiden Hamburgern treu.

Seit Hertha nicht mehr an seiner Seite ist, zieht sich der

Schauspieler erst einmal aus der Öffentlichkeit zurück. Paul und Gisi telefonieren oft mit ihm, trösten ihn und ermuntern ihn, doch bald wieder auf die Bühne zurückzukehren. Nach einer langen Pause nimmt Heinz Rühmann ein Angebot aus Hamburg an, Theater zu spielen. Es ist das Erfolgsstück »Mein Freund Harvey«. Er mietet sich eine Wohnung in Blankenese und reist nicht alleine an. An seiner Seite erscheint eine neue Frau, die er Paul und Gisi vorstellen möchte. Die lange Freundschaft mit Hertha Feiler und die schönen Erinnerungen an sie lassen Gisi zögern. Sie kann noch nicht gleich »mit fliegenden Fahnen« die Neue akzeptieren. Doch Heinz zuliebe, den Gisi immer »Heinerle« nennt, entschließt sie sich dann doch dazu und nimmt auch Hertha Droemer in ihren Kreis auf. Gisi findet die »neue Hertha«, die ehemalige Frau des Münchner Verlegers Droemer, sehr sympathisch. Bald darauf besucht sie Rühmann in seinem Haus am Starnberger See und ist danach überzeugt, dass Hertha Droemer zu Heinz passt. Sie ist lebensfroh, lädt Leute ein und tut Heinz Rühmann gut. Vier Jahre nach Herthas Tod heiraten die beiden. Es ist Rühmanns dritte Ehe.

Sich heute mit Hertha Rühmann über die Freundschaft zu den L'Arronges zu unterhalten erfordert ein kleines Ritual: Man muss genau den richtigen Moment erwischen. »Rufen Sie mich bitte möglichst zwischen 17 und 18 Uhr wieder an«, sagt sie bei der ersten Kontaktaufnahme an einem Vormittag. »Zu dieser Tageszeit kann ich am besten über die Vergangenheit sprechen, nicht davor und nicht danach.« Und dann erinnert sie sich: »Ich habe Gisi 1974 kennengelernt, durch meinen Mann, wir waren gerade erst ein paar Tage verheiratet. Heinz spielte mehrere Monate im Hamburger Thalia-Theater. Wir trafen uns auch, wenn Heinz seine Weihnachtslesungen im Michel hatte, und saßen dann immer zusammen in der Kirche. Nach dem Tod unserer beiden Männer haben wir uns viel öfter gesehen. Meistens kam Gisi zu mir an den Tegernsee, machte hier Station, blieb ein paar Tage und fuhr dann weiter in die Schweiz. Es ist immer sehr nett mit ihr, es ist lustig, wenn wir uns über alte Zeiten unterhalten. Wir sprechen auch über meinen ersten Mann, Willy Droemer, der war ja ein bekannter Buchverleger. Von ihm wurde ich 1952 geschieden. Gisi kannte ihn schon lange, bevor ich Droemer das erste Mal begegnet bin. Sie hat mir viel über ihn, dann auch über Hertha Feiler und Heinz Rühmann erzählt. Stellen Sie sich vor, auch heute noch erhalte ich Briefe mit der Bitte, ein Autogramm von Heinz Rühmann zu schicken. Dann muss ich leider schreiben, dass ich kein Autogramm mehr schicken kann, denn Heinz ist ja schon lange tot. Früher hat Heinz jeden Autogrammwunsch erfüllt und immer selbst unterschrieben. Vorgedrucktes hat es bei ihm nicht gegeben. Zu seinen Lebzeiten hat er jedes Jahr Tausende Autogrammwünsche erfüllt.

An Paul L'Arronge kann ich mich noch gut erinnern. Ich habe einmal Gisi bewundert, als sie beide mit ihrem Auto aus der Schweiz kamen und zurück nach Hamburg fuhren und bei mir Station machten. Sie wollten nur eine Stunde Pause machen bei mir und dann gleich weiter nach Hamburg fahren. Da sagte ich: Mein Gott, das könnte ich nicht, in einem Rutsch diese lange Strecke fahren. Und Paul antwortete: ›Wenn du mit mir verheiratet wärst, dann könntest du das!‹ Wir haben uns darüber amüsiert, er war ja ein sehr witziger Mann. Und was ist nun geblieben? Zwei Witwen, die jedes Wochenende miteinander telefonieren und manchmal auch über Heinz Rühmanns Vergangenheit sprechen.«

Die erste Frau im Leben des legendären Mimen Rühmann war die Schauspielerin Maria Bernheim, eine Jüdin, die er 1924 geheiratet hatte und von der er sich 1938 scheiden ließ. Nach dem Untergang des NS-Reiches wurden kritische Stimmen laut: Rühmann habe sich um seiner Karriere willen von Maria Bernheim getrennt. In mehreren Veröffentlichungen über das Leben des Schauspielers hat dieser Aspekt immer wieder eine Rolle gespielt. Darin wird aber auch erwähnt, dass diese Ehe schon vor der Machtergreifung der Nationalsozialisten zerrüttet gewesen sei. Zu seiner Verteidigung wurde zudem darauf hingewiesen, Rühmanns zweite Frau, Hertha Feiler, die er 1939 heiratete, habe einen jüdischen Großvater gehabt. Unbestritten war nur eines in jener Zeit: Auch die Nazis umwarben den Schauspieler Rühmann, und nichts sollte und durfte dieses Verhältnis trüben. Unmittelbar nach dem Krieg bemühten sich dann kurioserweise auch die Kommunisten im sowjetisch besetzten Teil Deutschlands um ihn – nun also auch deren Liebling. Die neuen Ostberliner Machthaber wollten ihn zur Mitarbeit überreden, schließlich habe der Schauspieler »Genossen bei der illegalen Arbeit gegen das Hitler-Regime geholfen«.

Doch der übergroßen Popularität dieses Mannes haben solche Debatten nichts anhaben können. Seine unvergesslichen Filme überragten alle Diskussionen über seine Vergangenheit. Mit den Filmen »Die drei von der Tankstelle« aus dem Jahre 1930, der »Feuerzangenbowle«, der von den Nazis anfangs verboten wurde, dem »Hauptmann von Köpenick« und vielen anderen Kassenschlagern in Kinos und Theatern war Rühmann unantastbar geworden.

Der Schauspieler hat auch mit seinen Freunden Paul und Gisi wenig über die Vergangenheit gesprochen, er wollte diesen Teil seines Lebens verdrängen, auch in privaten und kleinen Runden mit Freunden.

Er, der Jahrzehnte die Menschen anrühren konnte, litt in seinen späten Jahren unter familiären Sorgen. Seine dritte Ehe führte zu einer starken Belastung in der Beziehung zwischen Heinz und seinem Sohn Heinzpeter aus seiner zweiter Ehe. Rühmann hatte ihm, wie Gisi weiß, »viel Geld gegeben«. Bei der Feier zum 80. Geburtstag Heinz Rühmanns fragte Gisi Heinzpeter, ob er denn mit der Stiefmutter zurechtkäme. Er war reserviert, reagierte verärgert, fürchtete wohl um sein Erbe. Doch mit der Zeit legten sich die Spannungen, und Heinzpeter Rühmann akzeptierte die neue Frau an der Seite seines Vaters.

Für Gisi ist Heinz Rühmann, sosehr sie ihn schätzte und als Freund liebte, ein schwieriger Mensch gewesen. Wenn seine dritte Frau lange telefonierte, konnte er sich furchtbar aufregen. Erst als Gisi ihm dann anbot:, »Heinerle, soll ich dir einen Kaffee kochen und ein Honigbrot schmieren«, beruhigte er sich. Sie weiß noch, wie Schmelings Frau, Anny Ondra, auf Rühmann, mit dem sie 1941 den Film »Der Gasmann« gedreht hat, furchtbar schimpfte, was für ein schwieriger Mensch er doch sei. Da schritt Max ein und versuchte sie zu beruhigen: »Anny, das kannst du aber nicht sagen.« »Doch, Max, auch wenn du betonst, Rühmann gehört zu unseren besten Freunden.«

Rühmann, den Millionen Menschen liebten und verehrten, von dem viele glaubten, er würde sich auch im Scheinwerferlicht großer Gesellschaften sonnen, war am liebsten für sich, er liebte die Zurückgezogenheit: Ein paar Freunde bei sich, mehr aber sollten es nicht sein. Es gab Momente, die zeigten, wie Rühmann wirklich war. Gisi erlebte ihn einmal bei einer größeren Gesellschaft im Hause des Künstlers. Am Abend kniete er auf dem Fußboden, kraulte seinen Hund und sprach zu ihm: »Die Leute gehen ja gleich ...«

Viele Jahre nach Rühmanns Tod am 3. Oktober 1994 schreibt der ehemalige Hauptpastor der Hamburger Michaelis-Kirche, Helge Adolphsen, Gisi einen Brief, in dem er an den Schauspieler erinnert: »Ich blicke zurück auf unsere Begegnung, besonders anlässlich der Weihnachts-Lesungen von Heinz Rühmann in unserem Michel. Eine Begebenheit möchte ich Ihnen erzählen. Zwischen den Lesungen war immer eine große Kaffeetafel vorbereitet im Gemeindesaal, ich saß mit Heinz Rühmann zusammen. Da sagte er plötzlich: ›Wissen Sie, Herr Adolphsen, ich habe eigentlich viel zu früh mit dem Filmen aufgehört, einige haben das viel länger gemacht. Aber nun habe ich ja den Michel!‹«

Über seine Begegnungen mit Gisi sagt Helge Adolphsen heute: »Ich habe natürlich immer nur den klingenden Namen ›L'Arronge‹ benutzt. Kein Weihnachten, kein Ostern ohne den Besuch von Frau L'Arronge im Michel. Immer in Begleitung ihres Yorkshireterriers, erst ›Penny‹, nach dessen Tod ›Goldi‹. Wenn sie das Hauptpastorat an der Englischen Planke betrat, fragte sie meine Sekretärin, die beste Michel-Kennerin und Kennerin von Frau L'Arronge: ›Schröderchen, ist Helge Adolphsen auch da?‹ Meistens war ich nicht in meinem Amtszimmer. Kam ich zurück, fand ich die köstlichsten Torten, Pralinen oder Baumkuchen vor. Und hörte von ›Schröderchen‹, dass Frau L'Arronge ihr genau beschrieben habe, was sich in meiner Tüte befand. Nie fehlte der Hinweis, dass die Gaumenfreuden von ausgewählten Konditoren gefertigt seien.

Sie hörte gern die Konzerte im Michel. Besonders die in der Weihnachtszeit. Sie hatte ihren Stammplatz – rechts am Ende einer Bank. Als Heinz Rühmann in der Adventszeit noch seine berühmten Lesungen im Michel hielt, saß Frau L'Arronge meistens zwischen Hertha Rühmann und dem Ehepaar Gyula und Erna Trebitsch im Senatsgestühl.

Mir waren ihre vielen freundschaftlichen Beziehungen bekannt. Sie hielt zu der Schauspielerin Ilse Werner, auch als sie in Lübeck im Pflegeheim war. Als Frau Werner starb, sollte ich nach dem Willen von Frau L'Arronge den Trauergottesdienst halten. Ich hätte ihr diesen Wunsch gern erfüllt. Aber die Angehörigen von Ilse Werner hatten mich nicht gebeten. Frau L'Arronge war damals ein wenig enttäuscht. Auch die Freundschaft zu Helmut Zacharias und dessen Frau ist mir vertraut.

Ich wusste um ihre Freundschaft zu Anny Ondra und ihrem Mann Max Schmeling. Bei dem Trauergottesdienst für Max Schmeling 2005 im Michel saß sie – wie immer – auf ihrem Platz. Ich sah sie und dachte: »Das ist für Frau L'Arronge Ehrensache!

Zuletzt kam sie Ostern 2007 zum Michel, sehr elegant in Rosa gekleidet.

Natürlich mit zwei Tüten – vom ausgewählten Konditor. Eine für ›Schröderchen‹ und eine für Helge Adolphsen. Ich war wie meistens nicht da. Aber der Inhalt der Tüte war wie immer von erlesener Qualität.

Für mich ist Gisela L'Arronge eine vornehme Dame mit Stil und Ausstrahlung, Herzenswärme und Zuwendung. Ihre Festtagstorten-Rituale gehörten zu den Riten, die ich in österlichen und weihnachtlichen Festkreisen im Michel gestaltet und mit vielen Hamburgern miterlebt habe – Höhepunkte im Kreislauf des Jahres.«

DAS SÜSSESTE MÄDEL DER WELT

Gisi L'Arronge ist längst daran gewöhnt, mitunter auftretende Eifersüchteleien unter den prominenten Freunden und Bekannten in der Konditorei ihres Mannes zu erleben und sie dann zu schlichten. So versteht sie ihre Rolle als Gastgeberin im Kreis der Stammtischler. Auch bei dem Schauspieler Willy Fritsch und seiner Frau, der Tänzerin Dinah Grace, die ständig im Café einkehren und lange Jahre mit den L'Arronges befreundet sind, springt sie ein. Die beiden wohnen in Hamburg, ganz in der Nähe von Paul und Gisi.

Willy Fritsch ist seit Beginn seiner Filmkarriere 1920 – noch zu Stummfilmzeiten –, die erst in den sechziger Jahren endet, immer der elegante Charmeur vom Dienst. Die Frauen in den Kinosesseln schwärmten von ihm. Die Melodien der Tonfilme, in denen er spielte, sang und pfiff das ganze Land, ob es die Lieder »Ein Freund, ein guter Freund« oder »Das gibt's nur einmal« waren. Seine Lieblingspartnerin vor der Kamera war auch privat seine Favoritin: Lilian Harvey. Ihren ersten gemeinsamen Film, »Die keusche Susanne«, hatten sie schon 1926 gedreht. Nach den Filmen »Die drei von der Tankstelle« und »Der Kongress tanzt« in den dreißiger Jahren waren die Menschen so hingerissen von der zauberhaften Lilian Harvey, dass sich die Frauen in Deutschland

Wenn im Waterloo-Kino nebenan große Filmpremieren waren, mussten sich die Stars ihren Weg zur Konditorei L'Arronge durch die Autogrammjäger bahnen – wie hier Grethe Weiser. Die Schauspielerin freut sich über den Ansturm ihrer Verehrer und der Fotograf über seinen Standort: Er machte sein Bild aus der Konditorei über die Auslagen hinweg hinaus durch das Schaufenster.

frisieren ließen und kleideten wie sie. Die Menschen sprachen damals von ihr nur als dem »süßesten Mädel der Welt«.

Diese enge Partnerschaft zwischen den beiden Stars endete erst 1939, nachdem Willy Fritsch ein Jahr zuvor die Schauspielerin und Tänzerin Dinah Grace kennengelernt und geheiratet hatte. Und Lilian Harvey kam unter Beobachtung der Nationalsozialisten, weil sie jüdische Kollegen in ihrem Hause empfing und sich für die Freilassung eines jüdischen Künstlers einsetzte. Nach einem Verhör bei der

Willy Fritsch begrüßt bei L'Arronge den Vertrauten Axel Springers, Rolf von Bargen und dessen Kinder Jürgen und Susanne.

Geheimen Staatspolizei reifte in Lilian Harvey der Plan, dem Dritten Reich den Rücken zu kehren. 1939 ging sie nach Südfrankreich in die Emigration. 1943 sprachen ihr die Berliner Machthaber die deutsche Staatsbürgerschaft ab: wegen »volks- und staatsfeindlichen Verhaltens«.

Die Schatten dieser Zeit waren schon sehr lang geworden, als Gisi in den fünfziger Jahren einen Anruf von Dinah Fritsch erhält, sie möchte doch bitte Lilian Harvey vom Flughafen abholen. Die Harvey reist aus Frankreich an und möchte nach so vielen Jahren noch einmal ihre alten Freunde Max Schmeling und Anny Ondra und ihren alten Filmpartner Willy Fritsch und dessen Frau Dinah wiedersehen. Lilian Harvey und Willy Fritsch, die beiden Stars aus den alten Ufa-Zeiten der dreißiger Jahre, begrüßen sich herzlichst und umarmen sich. Dinah Fritsch schaut dieser Szene kritisch zu, wohl auch ein kleines bisschen eifersüchtig. Nach ein paar Stunden meldet sich Dinah bei Gisi und offenbart ihr Misstrauen gegenüber Lilian und bittet sie, die einstige Schauspielerin schnell wieder abzuholen. »Dinah hatte wohl den Verdacht, dass Willy immer noch auf sie fliegt«, vermutet Gisi, lächelt und meint kopfschüttelnd: »Mein Gott, nach so vielen Jahren …«

Lilian Harvey und Willy Fritsch waren eben das Traumpaar, in das sich die Deutschen verliebt haben. Es war der 1930 gedrehte Film »Die drei von der Tankstelle«, in dem die beiden ineinander verliebten Stars den Schlager aller Schlager jener Zeit sangen: »Liebling, mein Herz lässt dich grüßen« – und nun, mehr als 20 Jahre danach, summten sie noch einmal gemeinsam das alte Lied. Zehnmal haben Lilian und Willy gemeinsam vor der Kamera gestanden.

Nach dem Anruf von Dinah Fritsch fährt Gisi zum Hotel, holt Lilian ab und bringt sie zu Max und Anny Schmeling nach Hollenstedt. Auf Schmelings Anwesen machen die vier einen Spaziergang. Lilian hakt sich bei Anny ein, Gisi und Max folgen ihnen. Da zeigt Max auf die Beine von Lilian Harvey und sagt: »Guck mal, ihre Strümpfe ziehen Wasser.« Gisi kann sich vor Lachen kaum halten, auch darüber, dass Max überhaupt diesen Ausdruck kennt und so etwas von sich gibt. Sie geht zu Lilian und macht sie auf ihre rutschenden Strümpfe aufmerksam. Beiden ist das sehr peinlich. Am Abend fahren Lilian und Gisi wieder nach Hamburg, wo sie sich voneinander verabschieden.

Die beiden Frauen haben sich dann aus den Augen verloren. Lilian Harvey kehrt nach Frankreich zurück und stirbt 1968 im Alter von 61 Jahren. Ein Jahr davor hatte sie noch den Deutschen Filmpreis in Gold für ihr Lebenswerk erhalten.

Gisi L'Arronge erinnert sich an einen späteren Besuch im Hause von Willy und Dinah Fritsch, der ebenfalls zwei Legenden des Films zusammenführte. Die Episode mit Lilian Harvey ist schon fast vergessen, da melden sich Heinz Rühmann und seine Frau Hertha Feiler in Hamburg. Sie bringen ihren Sohn Heinzpeter mit. Rühmanns Junior ist vierzehn und langweilt sich. Heinz fragt Gisi, ob sie nicht etwas für den Jungen tun könnte. Sie kommt auf die Idee, ihn zu Willy Fritsch und Dinah zu bringen, deren Söhne im gleichen Alter sind wie Rühmanns Spross. Sie fahren also Heinzpeter zu Familie Fritsch. Nach Stunden meldet sich Heinzpeter Rühmann wieder zurück und erzählt, mit Michael habe er gezeichnet und mit dem anderen, Thomas, der bald in die Fußstapfen seiner Eltern treten wird, habe er gespielt und ihm von der Fliegerei seines Vaters erzählt. Und am Abend treffen sich die Erwachsenen im Café L'Arronge.

Das Ehepaar Fritsch verlebt die letzten Jahre zurückgezogen in seinem Hamburger Haus. Dinah stirbt 1963. Ein Jahr danach steht Willy Fritsch zum 100. und letzten Mal vor der

Kamera, zusammen mit seinem Sohn Thomas, der die väterliche Tradition fortsetzt und Karriere im Film und auf der Bühne macht. »Das hab' ich von Papa gelernt« heißt der Streifen mit Vater und Sohn. Danach wird es still um die Kinolegende Willy Fritsch. Er stirbt 1973. In den Nachrufen wird verbreitet, die alten Freunde früherer Tage hätten sich um den Schauspieler nicht mehr gekümmert und zugesehen, wie er vereinsamte. Darauf antwortet der bekannte Sportreporter Ludwig Maibohm in einem Leserbrief: »Das Gegenteil ist der Fall: Willys alte Freunde, Max Schmeling und das Ehepaar L'Arronge, haben immer wieder versucht, den ehemaligen Filmstar aus seiner selbstgewählten Isolierung zu lösen.«

Viele Jahre sind vergangen, und der Sohn ist längst den Spuren seines Vaters gefolgt. Thomas Fritsch hat gerade wieder einmal eine lange Theatertournee hinter sich und meldet sich aus Berlin. Der Bundesfilmpreisträger, anfangs der »Sonnyboy« auf deutschen Leinwänden, taucht in die Vergangenheit ein: »Wenn ich heute mit dem Taxi vom Hamburger Flughafen in die Stadt fahre, komme ich jedes Mal an meinem einstigen Elternhaus im Rotbuchenstieg vorbei. Und für einen kurzen Moment wird dann alles wieder sehr lebendig. Stichwort L'Arronge: Dieser Name war für mich, einen Heranwachsenden, immer verbunden mit Kuchen. Wenn ich mit meinen Eltern in der Stadt war, gingen wir jedes Mal in das Café L'Arronge, zu Paul und Gisi, den Freunden meiner Eltern. Ich bekam meinen Obstkuchen, den ich besonders mochte, dann verabschiedete ich mich von der Runde der Erwachsenen, verließ das Café und sah mir in der Dammtorstraße die ›Schaubude‹ von draußen durch das große Schaufenster an. Ich war damals 14 Jahre alt und ahnte nicht, dass ich schon ein Jahr später zusammen mit meinem Vater Gast dieser beliebten Fernsehsendung sein würde. Ich war sehr stolz, dass ich am Ende der Sendung den Wetterbericht vorlesen durfte. Zu dieser Zeit war Gisi L'Arronge eine gute Freundin meiner Mutter. Ich habe unsere Gisi immer als eine sehr schöne und lebhafte Frau in Erinnerung behalten. Sie konnte sehr herzlich lachen, und sie roch immer sehr gut, sie war wirklich eine sehr attraktive Frau. Die Beziehung zwischen Paul, Gisi und meinen Eltern war sehr eng. Sie besuchten sich oft gegenseitig, sie gingen zusammen essen oder sie sahen sich am Stammtisch bei L'Arronge im Café. Das war immer ein Ort voller Geschichten.

Ich weiß noch, welche Aufregung es unter den Journalisten in Hamburg gab, als eines Tages das Gerücht aufkam, Romy Schneider und ihr Freund Alain Delon würden in der Stadt sein. Irgendjemand hatte die beiden bei der Ankunft auf dem Flughafen Fuhlsbüttel gesehen und die Zeitungsredaktionen angerufen, die sich sofort auf die Suche machten. Alle Hotels wurden abgefragt und Kontaktpersonen aus der Filmbranche angerufen, aber keiner wusste etwas, und niemand konnte ahnen, dass das junge Paar im Hause der Freunde L'Arronge logierte. Wir trafen uns dann alle, auch ich war dabei, bei Paul und Gisi. Mein Vater nahm

Romy in den Arm, er hatte 1953 mit ihr den Film ›Wenn der weiße Flieder wieder blüht‹ gedreht. Das war der Beginn ihrer großen Karriere. Romy und Alain, sie waren ein tolles Paar. An jenen Abend erinnere ich mich immer wieder, wenn ich das Andenken sehe, das die schöne junge Frau damals meinem Vater geschenkt hat: eine kleine silberne Zigarettendose mit dem eingeprägten Namen ›Romy‹. Die Dose liegt heute auf einem Tisch in meiner Berliner Wohnung.

Leider fiel auf meine frühen Hamburger Jahre bald ein trauriger Schatten. Meine Mutter wurde von einer schweren Krankheit gepeinigt. Nach ihrem Tod hat sich mein Vater sehr verändert. Er wollte allein sein, obwohl sich seine engen Freunde um ihn bemüht haben. Er kapselte sich ein, es war kein böser Wille, dass er in der Anfangszeit nach dem Tode meiner Mutter seine engsten Freunde Max Schmeling und L'Arronge nur noch selten zu sich bat. Er wollte eigentlich keinen mehr sehen.

Wenn ich heute über meine Hamburger Jugendtage spreche, wird mir wieder bewusst, wie schnell die Zeit über uns hinweg gegangen ist. Bald werde ich seit 50 Jahren auf der Bühne stehen. Ich wäre glücklich, wenn ich mein Theaterjubiläum mit einem schönen Stück im Ernst-Deutsch-Theater feiern könnte – in Hamburg, wo alles für mich begonnen hat.« In diesem Theater haben sich Thomas Fritsch, wenn er hier gastierte, und Gisi in all den Jahren immer mal wiedergesehen und über alte Zeiten geplaudert.

DIE LETZTE TASSE KAFFEE

Als würden Paul und Gisi es spüren, was sich am Übergang von den sechziger zu den siebziger Jahren am Horizont an Veränderungen und Umbrüchen abzeichnet: Die beiden fühlen für sich die Zeit gekommen, über ihre Zukunft nachzudenken, über ein Leben danach, das ruhiger sein soll, ohne Geschäft, Wirbel und Hektik, fern aller Turbulenzen, die jetzt herrschen. Der Konditormeister und seine Frau sind auf der Suche nach einem festen Feriensitz, der vielleicht einmal ein endgültiger Ruhesitz werden könnte. Der Komponist Lotar Olias, Gisis alter Kriegskamerad, ist es, der bei der Lebensplanung des Paares L'Arronge eine wichtige Rolle spielt. Er bringt die Schweiz ins Gespräch. Wie viele deutsche Künstler der fünfziger und sechziger Jahre hat auch Olias sein Feriendomizil in die schöne Welt der Südschweiz verlegt, nach Ascona an den Lago Maggiore im Tessin. In Deutschland war es vorwärtsgegangen, das Wirtschaftswunder blühte, viele verdienten erstmals wieder gutes Geld. Und nun lockte die Ferne. Endlich wieder reisen, wohin man wollte. In einer deutschsprachigen Tessiner Zeitung heißt es später in einem Rückblick: »Wie sich die Zeiten geändert haben: Nun erstürmen die Deutschen in friedlicher Absicht Europa. Der Süden ist ein Magnet. Die Prominenz aus Film, Musik und Geldadel

Kunstvoll dekoriert und zum Anbeißen verlockend. Das Schaufenster der Konditorei in der Dammtorstraße war immer ein Anziehungspunkt für die Hamburger und für alle Genießer der Stadt.

feiert im ehemaligen Fischerdorf Ascona, wo sich Sonne, das italienische Flair und Schweizer Sauberkeit paaren.«

Mit dem »Käfer« über die Alpen gen »bella Italia« war anfangs des Deutschen größtes Glück. Die Schweiz, vom Krieg verschont geblieben, wohlhabend, sorgenfrei und nah, lockt Menschen an, die sich nach der Unversehrtheit einer friedlichen Welt sehnen und die es sich auch leisten können. Und so zieht es auch Paul und seine Frau in den Süden, wo sie schon mit Freund Rühmann und seiner Frau schöne Tage verlebt haben.

Es sollte wieder nur ein kurzer Urlaub im Frühjahr 1965 sein. Gleich am ersten Abend treffen Paul und Gisi ihre Freunde Lotar Olias und den Zaubergeiger Helmuth Zacharias und dessen Frau in Ascona. Das Ehepaar L'Arronge ist von der Landschaft, dem Klima und der angenehmen Le-

VORSPEISEN

Shrimps-Cocktail (Hummerkrabben) mit Spargel, Champignons, Ananas 5,50

1 Portion Räucheraal mit Brot und Butter 5,–

Pikanter Fleischsalat mit Toast und Butter 1) 2) 3,–

2 Roastbeef-Rollen m. Fleischsalat auf Schwarzbrot 1) 2) 4,50

Geflügelsalat mit Champignons, Ananas u. Toast-Butter 5,50

Club-Sandwiches (Hühnerbrust auf Toast mit Salat, Tomate, Mayonnaise und geb. Schinken) 5,–

Theaterplatte, 1 Person 5,–

1 Terrine getrüffelte Gänseleber »Lacroix« mit Toast und Butter 12,–

Beluga-Malossol Caviar, 56 g, mit Toast und Butter 22,–

SUPPEN

Hühnersuppe Tasse oder Teller 1,50 und 3,–

Klare Oxtail 2,–

Wiener Gulaschsuppe 2,50

Schildkrötensuppe 2,50

KLEINIGKEITEN

1 Paar Original Frankfurter Würstchen mit Mayonnaisensalat 3,50

Kasseler, kalt, mit Sahnenmeerrettich u. Bratkartoffeln 6,–

Roastbeef, kalt, mit Remouladensauce u. Bratkartoffeln 6,–

FLEISCH VON DER PFANNE ODER VOM GRILL

Filetgulasch »Stroganoff« 7,50

Filetsteak mit Champignons und Pommes frites 8,–

Mastkalbsteak mit Kaiserschoten und Röstkartoffeln 8,50

Huhn auf Reis mit Spargel 7,50

DESSERTS

Hausgemachter Rumtopf mit Vanille-Sahne-Eis 3,75

Hawaiibecher (Vanille-Eis mit Ananas, Mandelsplitter, Sahne und Löffelbisquit) 3,75

Obstsalat aus Früchten der Saison, Maraschino u. Gebäck 3,50

Käse nach Wahl

Nach den lebensmittelrechtlichen Vorschriften sind bestimmte ausdrücklich zugelassene Stoffe auf den Speisekarten zu bezeichnen. Die Kennzeichnung durch die Anmerkung 1) 2) bedeutet: 1) Sorbinsäure, 2) Benzoesäure.

Die »Kleine Abendkarte« des Hauses L'Arronge. Sie war gestaltet wie eine Theaterbühne, mit nachtblauen Vorhängen an den Seiten. Pauls Preis für eine Terrine getrüffelte Gänseleber: 12 Mark.

bensart dort hingerissen. Bei einer Rundfahrt auf dem Lago Maggiore machen sie Station in San Nazzaro, wo sie ein leer stehendes Bootshaus entdecken, das zum Verkauf steht.

Paul fragt Gisi, ob ihr das alte, schmale Steinhaus dort am Ufer gefällt, und wenn ja, ob sie es zum Geburtstag haben möchte. Gisi fühlt sich erst überrumpelt, denkt kurz nach und sagt dann: »Ach Paul, ich könnte dich küssen, von solch einem Haus am Wasser haben wir schon immer geträumt.«

In den folgenden fünf Jahren verbringen die beiden ihre Kurzurlaube in dem Tessiner Domizil, das sie zu einem Ferienhaus umbauen ließen. Doch richtig genießen können sie es nicht. Immer wieder ruft Hamburg sie zurück in die Geschäftshektik. Das Café an der Dammtorstraße mit 70 Angestellten, dieser Mittelpunkt einer illustren Gesellschaft mit all den vielen Verpflichtungen, erlaubt es ihnen nicht, mehr als ein paar Tage im Jahr in den Süden auszureißen.

Doch wie immer im Leben kommt irgendwann die Zeit des endgültigen Abbruchs und eines neuen Aufbruchs.

Eines Abends Anfang des Jahres 1970 kommt Paul nach Hause, er macht ein ernstes Gesicht. Gisi sieht ihm gleich an, dass ihn etwas bewegt. Er sagt zu seiner Frau: »Gisi, ich habe die Nase voll. Jahrzehnte habe ich geschuftet bis tief in die Nacht, ich habe seit 1932 wie ein Kümmeltürke gearbeitet. Jetzt muss Schluss sein. Ich werde das Café L'Arronge schließen. Das ist das Ende vom Lied!« Auch der Arzt hat ihm dazu geraten. Sein Herz hätte nun ein unaufgeregteres Leben verdient, ein Leben südlich der Alpen wäre am besten dafür geeignet. Die ärztliche Empfehlung kommt Paul und Gisi sehr entgegen, bei aller Wehmut, die sie spüren. Mit dem Hamburger Salon soll es nun ein Ende haben.

Paul verkauft das Haus Dammtorstraße 13, das er 1960 nach jahrzehntelanger Pacht erworben hatte, samt der Konditorei. Vor einer hanseatischen Kultstätte, die eine Bühne für die Gesellschaft aus Kunst, Medien, Film, Fernsehen und Musik geworden war, senkt sich der eiserne Vorhang. Paul nimmt Abschied von seiner »zweiten Braut«, wie er seine Konditorei liebevoll genannt hat. Seine sentimentale und zugleich auch stolze Bilanz in diesen Stunden: »Als ich anfing, standen eine Buffetdame und eine Bedienung neben mir jeden Tag im Laden. Wir hatten sechs Tische mit 20 Stühlen. Und zum Schluss hatte ich Platz für 160 Gäste.«

Viele Hamburger weinen der Legende L'Arronge nach. Am 31. März 1970 gibt es zum letzten Mal Pauls mitternächtliches »Souper à la Maman«. Danach wird in der Dammtorstraße 13 die letzte Tasse Kaffee getrunken – das war es. Am folgenden Morgen steht ein Schild an der Tür, darauf heißt es: »Wegen Abbruch des Hauses geschlossen.«

Sechs Tage nach der Schließung wird die Konditorei dann noch einmal geöffnet, es herrscht großes Gedränge, die Hamburger stehen Schlange, alle möchten noch ein Andenken ergattern. An diesem 6. April wird 38 Jahre nach Gründung der Konditorei L'Arronge das von den Hanseaten geschätzte Interieur versteigert. Die Hamburger reißen sich um die Silberplatten, um Geschirr, schönes Porzellan – jedes Stück trägt den eleganten Schriftzug L'Arronge –, um die Möbel und die alten Kaffeemühlen, jede ein Sammlerstück. Auch der Vater der Schlagersängerin Vicky Leandros ist dabei.

Eine Ära endet mit der Versteigerung allen Inventars. Noch einmal strömen Freunde und einstige Kunden in die Dammtorstraße, um für ein Erinnerungsstück zu bieten. Viele sagen traurig: »Adieu, L'Arronge!«

Beide ersteigern für 850 Mark einen dekorativen venezianischen Spiegel, der in der Damentoilette der Konditorei hing. Das Stück hat es seiner Tochter besonders angetan, der Rahmen ist verschnörkelt und vergoldet. Am nächsten Tag taucht die Sängerin jedoch wieder auf und bringt den Spiegel zurück mit der Begründung, dass die Verzierung des Rahmens nicht aus Holz, sondern aus Gips geformt sei. Versteigerer Schopmann gibt Vicky das Geld zurück. Zum Schluss bleiben nur noch die Treuesten, die Stammgäste, um traurig Abschied zu nehmen von der Konditorei L'Arronge – nach langen und erlebnisreichen Jahren, und viele erinnern sich des alten Schlagers und summen: »Das gibt's nur einmal, das kommt nicht wieder ...« Als die Tür zur Konditorei für immer geschlossen wird, sagt Paul: »Dieses Geschäft war meine zweite Braut. Was von ihr bleibt, ist nur die schöne Erinnerung.« Das hatte er mit vielen seiner Gäste gemeinsam.

Einer von denen, die regelmäßig bei Paul L'Arronge einkehrten, war Mohsen Sadri, in den sechziger Jahren iranischer Generalkonsul in Hamburg, und seine Frau Forough. Im Juni 1964 erschien das Ehepaar bei L'Arronge in Begleitung des jungen Neffen Khosrow Sheikholeslami, der ge-

Der Versteigerer hebt mit einem Mitarbeiter einen großen venezianischen Spiegel in die Höhe und fordert zu Angeboten auf. Paul L'Arronge sagt zum Schluss einem Reporter: »Die Konditorei war meine zweite Braut.«

rade aus dem Iran gekommen war und in Hamburg studieren wollte. Die Stadt und ihre aufgeschlossenen Menschen gefielen ihm so gut, dass er Hamburg zu seiner neuen Heimat erwählte. Das ging anderen seiner Landsleute auch so, und Hamburg wurde bald die größte iranische Kolonie auf dem Kontinent. Khosrow Sheikholeslami, Geschäftsmann und passionierter Golfspieler, erinnert sich gern an seine Hamburger Anfänge. »Einer meiner ersten schönen Eindrücke von Hamburg war dieses Café mit seiner romantischen Atmosphäre. Die Möbel und die Leuchten verliehen diesem Café ein ganz besonderes Flair von Nostalgie. Wir Gäste wurden von dem Inhaber freundlich mit einer Verbeugung begrüßt. Er war ein großer, schlanker Herr mit einem Oberlippenbart und exzellent gekleidet. Auch die Gäste des Cafés waren schick, man kann sagen, dass sich hier eine besondere Gesellschaft von Hamburg traf. Schade, dass dieses Café nicht mehr existiert.«

Das *Hamburger Abendblatt* sagt im Namen vieler seiner Leser in jenem Frühjahr 1970 »Tschüs« und schreibt: »L'Arronge gab's nur einmal. Seine verspielten und ausgefallenen Süßigkeiten und meterhohen Baumkuchen waren ein Weltbegriff, Mitbringsel und Souvenir, die von Hamburg bis nach Mexiko verschickt wurden. Millionäre, Künstler, Liebespaare, Damen, ob aus dem Hamburger Prominentenviertel Pöseldorf oder dem Arbeiterviertel Billstedt – sie waren seine Gäste. Ob Kirschtorte mit Sahne nach vollbrachtem Einkaufswerk in der City, ob Eisbecher mit Früchten nach heißen Küssen im ersten Lenz oder ob mitternächtliches Souper nach dem Genuss von Mozarts ›Zauberflöte‹ – im Café L'Arronge an der Dammtorstraße 13, gegenüber der Staatsoper, war der Hamburger für ein schwaches Kaffeestündchen zu Hause, genoss er gemütliche Caféhausatmosphäre im hanseatischen Stil mit einer Prise von internationalem Flair. Mit einem Wort: Man traf sich eben im L'Arronge. Fast vier Jahrzehnte lang. Und auf einmal war alles vorbei, weggewischt wie Kreide von einer Tafel: Am 31. März, 24 Uhr, schloss das beliebte Café für immer sein weltweites Tortenbuffet. Grund eins: Das alte Haus soll abgerissen werden. Grund zwei definierte Meisterbäcker Paul L'Arronge (62), Gründer und Inhaber der berühmten Konditorei, seufzend so: ›Die Arbeitsmoral ist gesunken. Wir finden keinen Nachwuchs mehr. Wer will heute schon noch am Sonntag und an Feiertagen arbeiten?‹ Doch bei allem leisen Groll über das Ende seines Cafés fiel Monsieur Paul ein Stein vom Herzen: Nun kann er sich doch die ersehnte Ruhe gönnen. Keinen Ärger mehr mit steigenden Preisen. Am letzten Tag war Ausverkauf. Pralinen, Bonbons, Sekt und Rumtopf, alles zu Schleuderpreisen. Das war der letzte Akt in der Geschichte des Hauses L'Arronge. In den Neubau soll ein privates Bankhaus und eine Reederei ziehen. Und auf dem Dach will sich ein Börsencafé einnisten. Das L'Arronge wird es nicht ersetzen können. Das gab's nur einmal.«

Auch der Chefredakteur Peter Boenisch aus dem Zeitungshaus Axel Springer trauert dieser Kaffeehauslegende nach. Er, der so oft bei Paul gesessen hat, lässt eine Extra-Titelseite der *Bild-Zeitung* drucken und verteilen. Unter der Schlagzeile »Hamburg weint, weil Paul geht« schreibt Boenisch: »Die Prominenz weiß nicht mehr, wohin, wenn die Oper aus ist. Wohin laden wir jetzt unsere Gäste ein, wenn sie sich im grauen Hamburg nach einem Hauch von Kaffeehaus-Charme sehnen? Wo wird man in Hamburg jetzt jene Symphonie aus leise klirrendem Porzellan, silbernen Kaffeelöffeln und geflüsterten Gesprächen hören? Ein weitgereister Café-Experte zu *Bild*: ›Die Gäste des L'Arronge scheinen ein Geheimabkommen geschlossen zu haben, ein Minimum an Phon zu produzieren …‹ Diesen Wohlklang sollen wir jetzt vermissen? Diese Symphonie soll jetzt verklingen? Pauls Freunde haben sich damit noch nicht abgefunden. Und wer einmal sein Gast war, der wird diese Symphonie in den Ohren behalten – auch wenn es unser L'Arronge nicht mehr gibt.«

Der Schlussstrich ist gezogen, nicht nur für das Ehepaar L'Arronge und seine Gäste, auch für die Angestellten des Cafés, die mit dem Namen des legendären Etablissements in der Dammtorstraße im Rücken schnell einen neuen Arbeitsplatz finden.

So auch Rüdiger Nehberg, der später eine eigene Bäckerei haben wird. 1957, er ist 22 Jahre alt, bewirbt er sich bei Paul L'Arronge, um bei seinem Vorbild des süßen Handwerks zum Konditormeister ausgebildet zu werden. Paul

Rüdiger Nehberg, Abenteurer und Gründer der Menschenrechtsorganisation »Target«, fing als Bäcker an und ließ sich bei Paul L'Arronge zum Konditormeister ausbilden.

stellt ihn ein, noch nicht ahnend, dass in der Brust seines neuen Mitarbeiters auch das Herz eines Abenteurers schlägt. Nicht mehr sehr lange, und Nehberg wird es in ferne Weltregionen zu noch ursprünglich lebenden Volksstämmen ziehen, er kämpft gegen die Unterdrückung von Minderheiten, überlebt gefährliche Zwischenfälle in Afrika und Südamerika, gründet die Menschenrechtsorganisation »Target« und wird dafür mit dem Bundesverdienstkreuz ausgezeichnet.

Nehberg, rückblickend auf seine noch »normalen, bürgerlichen« Jahre, bis er sich den Hut des Konditormeisters aufsetzen durfte, erinnert sich an drei Episoden: »Bei Paul L'Arronge habe ich am meisten gelernt, weil er ein wahrer Künstler seines Handwerks war. Doch ehe alles begann, hat er mir beigebracht, welchen Schlips ich denn zu welchem Hemd tragen sollte. Mit Krawatten hatte er es. Auf die Kleidung seiner Mitarbeiter achtete er sehr. So um Nikolaus herum sortierte er jedes Jahr seine Schlipse aus. Er kam dann zu uns in die Backstube, breitete sie aus und sagte, wir könnten uns jetzt welche aussuchen. Viele Kollegen griffen zu, denn es waren ja wertvolle Krawatten.

Neben meinem Beruf hatte ich ein ausgefallenes Hobby: Ich war immer schon ein Schlangenfan und wollte mir damals noch ein paar Mark nebenbei verdienen und mit meinen sechs giftigen Kobras als Schlangenbeschwörer im Hansa-Theater auftreten. Doch das Theater hatte Angst, weil es fürchtete, bei einem Zwischenfall könnten die Schlangen das Publikum gefährden. Ich stellte mir vor, ich spiele Flöte und die Schlangen tauchen aus ihren Körben auf. Das ist ihr Imponiergehabe, um mich, den Beschwörer, zu beeindrucken. Wenn man sich mit der Flöte langsam hin und her bewegt, folgen sie mit ihrem Körper den Bewegungen der Flöte. Kommt die Flöte ihnen zu nahe, würden sie zubeißen. Das alles wollte ich dem Publikum erklären. Doch keine Versicherung wollte für diese Schlangenschau haften. Das Theater lehnte deshalb meinen Auftritt ab. Paul L'Arronge bot mir ein Quartier an, eine leer stehende Mansardenwohnung im Hinterhof seines Cafés im dritten Stock: ›Hier kannst du die Schlangen unterbringen und mit ihnen weiter üben.‹ Mein Chef sah meiner Kobra-Nummer manchmal zu, er stand dann in gehörigem Abstand zu den Schlangen im anderen Zimmer und verfolgte meine Arbeit mit den sechs Tieren. Paul war im Grunde mein allererster Zuschauer. Er war fasziniert, er würde sich sofort eine Karte kaufen, wenn ich meinen ersten öffentlichen Auftritt bekäme.

Paul war ja berühmt für seine Pralinen. Man konnte bei ihm alles machen. Er war auf allen Messen der Welt und sahnte eine Goldmedaille nach der anderen ab. In Paris traten wir bei einer Konditorenmesse mit einem großen Eiffelturm aus Schokolade als Dekorationsmittelpunkt einer Präsentation auf und lösten damit große Begeisterung aus. Auch die Auslagen in seinem Schaufenster in der Dammtorstraße waren immer eine Demonstration, die Fußgänger blieben lange davor stehen und betrachteten sie, als ständen sie vor einem Gemälde. Eines Tages kam er zu mir und sagte, er hätte von einem belgischen Confiseur gehört, der mit seinen Pralinen einen riesigen Umsatz mache. Den habe er für uns in Hamburg gewonnen. Er werde ihm in unserem Haus in der Dammtorstraße zwei Arbeitsräume einrichten. Ich solle mit ihm zusammenarbeiten und gut aufpassen, wie er das macht. Falls er uns mal verlassen sollte, könnten wir seine Rezepturen weiterverwenden. Dann kam der Belgier, ein eleganter Mann, er sprach Deutsch und begann mit seinen Kompositionen.

Französische Wochen in Hamburg – auch im Schaufenster der Konditorei ist das Süße dekorativ um Pariser Symbolik platziert.

Er machte Pralinen ganz anders als wir. Er ließ rechteckige Holzstiele in kleine Stücke schneiden. In jedes wurde ein Nagel eingeschlagen, der als Griff dienen sollte. Der Belgier umwickelte die Holzstückchen mit Stanniolpapier, danach wurden sie erst in bittere Schokolade und danach in süße Schokolade getaucht. Als die Schokoschichten erstarrt waren, konnte man sie von den Hölzchen lösen und das Stanniolpapier aus den festen Formen herausziehen. Sie waren bizarr und kantig, das sah sehr interessant aus, und in die Hohlräume kamen verschiedene Füllungen und zum Abschluss ein kleiner Deckel aus fester Schokolade.

Ich notierte mir die Rezepte und wollte mir noch einige andere Geheimnisse des Belgiers aufschreiben. Doch dann geschah etwas, womit keiner rechnen konnte.

An einem Vormittag, wir waren bei der Arbeit, gab es einen knallendes Geräusch, die Tür zu unserem Arbeitsraum brach auf, und fünf Hamburger Polizisten stürmten mit gezogener Waffe in unseren Arbeitsraum und nahmen den belgischen Pralinenmeister fest – wegen Mordverdachts in seiner Heimat! Offenbar hatten die Polizisten mit bewaffnetem Widerstand gerechnet, anders konnte ich mir diesen brachialen Auftritt nicht erklären. Der Meister erklärte, er sei unschuldig, aber da klickten schon die Handschellen. Er wurde abgeführt und nach Belgien ausgeliefert. Ich habe nie wieder etwas von ihm gehört. Ich habe diesen abenteuerlichen Zwischenfall auch nicht mehr verfolgt, weil ich bald darauf meine Meisterprüfung machte und 1963 das Café L'Arronge verließ.«

In jenen Jahren begegnete Rüdiger Nehberg Paul L'Arronge täglich hinter den Kulissen des Cafés, seltener dagegen seiner Frau Gisi, die sich vornehmlich um die Gäste des

Hauses kümmerte. »Sie war eine schöne junge Frau, wir mochten sie. Ich erinnere mich an eines ihrer Lieder, das sie bei einer Weihnachtsfeier im Café sang: ›Es wird Frühling, es wird Sommer, es wird Herbst und es wird Winter, und noch immer liebe ich dich.‹ Auch ihrem Vater bin ich oft begegnet. Er beaufsichtigte das große Lager des Cafés. Das bereitete ihm großes Vergnügen. Er war ja längst in Rente, wollte aber immer noch etwas tun, ein schöner Zeitvertreib für ihn. Dort unten im Lager sah es so perfekt und übersichtlich aus, als wäre jede einzelne Haferflocke von ihm gezählt worden.«

Nach Rüdiger Nehbergs Weggang aus der Dammtorstraße kam dann Horst Wende, lange Jahre Besitzer des gleichnamigen Cafés in der Hamburger Sierichstraße. Auf dem gläsernen Tresen seiner Konditorei nahe der Außenalster liegt ein flaches Backblech mit französischem Butterkuchen, der noch warm ist. Horst Wende erläutert genüsslich das Rezept: Toast wird in warmer Sahne aufgeweicht, auf den Teig kommt eine Honig-Mandel-Masse, dann ab in den Ofen. Die Gäste lieben diesen Kuchen, und Horst Wende lächelt versonnen und klärt seine Kundschaft auf: »Ein uraltes Rezept meines Lehrherrn Paul L'Arronge.«

Horst Wende begann 1962 seine Konditorenlehre bei L'Arronge. Er ging danach in die Schweiz, der Hochburg aller Leckereien, und kehrte später zu Paul L'Arronge zurück, bei dem er es bis zum Chefkonditor brachte. »Wir waren damals 45 Leute, Konditoren, Bäcker, Bedienerinnen und die

Angestellten im Büro. Paul L'Arronge, immer piekfein angezogen, führte eine strenge Regie. Er achtete, ganz hanseatischer Kaufmann, auf jeden Pfennig und die makellose Kleidung seiner Angestellten. Bei uns an den Backöfen hieß sein täglicher Auftrag, heller und nicht so dunkel zu backen. Die Spätschicht endete um Mitternacht, ob noch Gäste am Stammtisch saßen oder nicht, und wenn Künstler von der Oper noch bleiben wollten, sagte Herr L'Arronge: ›Egal, jetzt gehen wir nach Hause. Abschließen kann ja der Nachtdienst.‹«

Horst Wende schwärmt noch von den Tortenwettbewerben der Konditorenlehrlinge. Einmal gewann er, und Paul L'Arronge überreichte ihm einen Preis: eine Reise nach West-Berlin zu einem Boxkampfabend mit Bubi Scholz. Max Schmeling hatte die Eintrittskarte gestiftet. Unvergessen ist für Wende der seltsamste Auftrag, den er jemals erhielt. »Eines Tages kam Herr L'Arronge zu mir und sagte, ich solle 20 Glasscheiben aus flüssigem Zucker gießen. Als die Masse erkaltet war, nahm ich die Scheiben aus den Rahmen. Das Zuckerglas war von echten Glasscheiben kaum zu unterscheiden.« Auftraggeber war der Filmproduzent Gyula Trebitsch, dem die Kinowelt die Klassiker »Der Hauptmann von Köpenick« mit Heinz Rühmann und »Des Teufels General« mit Curd Jürgens verdankt. Und nun drehte er einen Streifen mit Klaus Kinski, der in einer Szene durch eine Glasscheibe springen sollte, ohne sich an den scharfkantigen Splittern zu verletzen. Für Trebitsch kam da nur einer in Frage, das Problem zu lösen: sein Freund Paul, der Zuckerbäcker. Bäcker Wende sah sich selbstverständlich den Film an, bei dem er hinter den Kulissen mitgewirkt hat.

Horst Wende blieb bis zum Ende des berühmten Cafés. »Das Datum werde ich nie vergessen, es war der Tag, an dem der Chef und seine Frau Gisela ihre Konditorei im Frühjahr 1970 für immer schlossen. Für mich stand damals fest, dass ich nun selbst Chef werden muss. Herr L'Arronge half mir dabei sehr. Die Freundin von Paul und Gisela, Hulda Seidewinkel, die sich schon um die Ausstattung der Häuser und Wohnungen des Verlegers Axel Springer gekümmert hatte, unterstützte auch mich.« Der Konditor zeigt auf die Bilder an den Wänden seines Etablissements, das er 1970 eröffnete.

Das Café Wende ist wie eine kleine Fortsetzung der Ära L'Arronge. »Saßen bei Paul Berühmtheiten wie Sophia Loren, Paul Kuhn, Peter Ustinov oder die beiden Giller und Tiller, so kamen bald auch zu mir viele aus Film und Fernsehen, Schauspieler wie Ulrich Haupt oder Georg Thomalla. Und heute noch kommt Frau L'Arronge einmal in der Woche zu mir und meiner Frau und kauft Kuchen und Käsegebäck.« Und oft sprechen sie dann über die früheren Zeiten, als noch der »Laden in der Dammtorstraße florierte«.

Auch die Nachfolgeära hat ihr Ende gefunden: Im September 2008 schloss Pauls einstiger Lehrling aus Altersgründen das Café Wende.

TSCHÜS! –
UND AB IN DEN SÜDEN

Die vielen Erinnerungen, die sich nach dem Ende ihrer Konditorei L'Arronge aufdrängen, hinterlassen bei Paul und Gisi gemischte Gefühle. Sie sind erleichtert, nicht mehr täglich in der Pflicht zu stehen, und doch fühlen sie auch einen Trennungsschmerz, eine schöne und aufregende Erlebniswelt beendet zu haben, zu tief sind die Spuren der aufregenden Begegnungen mit interessanten Menschen. Sie brauchen Trost. Gisi ruft Freund Lotar Olias in Ascona an und erzählt ihm vom endgültigen Ladenschluss und dem bewegenden Abschied, den sie von ihren Gästen und den Mitarbeitern nach so vielen Jahren genommen haben. Lotar fühlt mit: »Da hilft nur eines: Kommt sofort hierher, besser könnt ihr es nicht treffen. Hier blühen gerade die Kamelien, es ist warm, der Himmel ist blau, die Bewohner sind herzlich, und ich bin längst nicht mehr solo.« Olias verliebte sich in Ascona in die dort lebende Sekretärin Hilde Liebe. »Liebchen«, wie er sie nennt, ist 30 Jahre jünger als der Komponist. Er überträgt ihr die Geschäftsführung seines Musikverlages in Hamburg. Erst elf Jahre später werden sie heiraten, als »Liebchen« Sohn Lotar Leonard zur Welt bringt. Da ist Vater Lotar schon fünfundsechzig.

Gisi fährt also gleich nach der Geschäftsaufgabe ins Tessin, sieht sich um und findet ein schönes Haus am Hang über Ascona, dem so sehr gerühmten Dorf, das schon so viele Prominente angezogen hat. Paul folgt ihr, ist mit der Wahl des Hauses einverstanden und gibt ihr den Auftrag, Ernst zu machen: »Na dann, Puppe, verhandle mal über den Preis.« Gisi verhandelt und erwirbt die Villa am Berghang mit einem märchenhaften Blick auf den Lago Maggiore. Von ihrem ersten Ferienhäuschen in San Nazzaro auf der anderen Seeseite trennen sie sich, und auch in Hamburg ziehen sie einen Schlussstrich. Die Wohnung wird verkauft, und die Hamburger Ära soll einen Abschluss finden. Das Paar sagt seiner Heimatstadt Hamburg »Tschüs« und bezieht sein Schweizer Anwesen oberhalb von Ascona. Die Voraussetzung für einen festen Wohnsitz in der Schweiz sind ein polizeiliches Führungszeugnis und ein finanzamtlicher Beleg über ihre Vermögensverhältnisse.

Nun leben sie in der Nähe ihrer Freunde Lotar Olias und Helmut Zacharias. Und bald wird es in Ascona wie ehedem in Hamburg. Paul und Gisi führen auch als Privatiers wieder ein Haus der offenen Tür. Um die beiden versammeln sich viele der alten Hamburger Stammtischclique aus langen Nachkriegsjahren. Lotar und Helmut sind ihre Asconeser Nachbarn. Auch der Hotelier und Freund Hans Herbert Blatzheim kauft sich ein Haus im nahen Lugano, und so kommen nach langer Zeit Gisi und Romy Schneider, wenn sie nicht gerade in Frankreich ist, wieder zusammen, nur die herzliche Verbundenheit von einst zwischen den beiden ist dahin. L'Arronges alte Freundin Grethe Weiser reist an, und für das Schauspielerehepaar Nadja Tiller und Walter Giller ist es nur ein Katzensprung von ihrem Wohnsitz in Lugano nach Ascona. Aus der Musikwelt gesellt sich Franz Grothe dazu, der bald auch in den Kreis der »Exil-Hamburger« aufgenommen wird. Er, einer der populärsten deutschen Komponisten und Dirigenten, hat in vier Jahrzehnten die Musik für 150 Filme geschrieben.

Die Deutschen hier unten im Süden, wo es so unbeschwert zugeht, können natürlich nicht davon lassen, über die Entwicklungen in ihrer Heimat zu sprechen. Zeitungen, Nachrichtenmagazine, Fernsehen und Telefongespräche liefern ihnen reichlich Stoff. Wenn sie sich abends am Lago Maggiore treffen, heißt es jedes Mal: »Hast du schon gehört …?« Gisi L'Arronge las schon morgens zum Frühstück mindestens eine deutsche Zeitung: »Paul und ich waren natürlich interessiert, was da oben im Norden geschieht. Und wenn es wichtig war, rief uns Freund Schmeling sowieso gleich an und platzte mit Neuigkeiten in unsere Idylle.«

Die bundesrepublikanische Nachkriegsgeneration ist inzwischen aus den Kinderschuhen herausgewachsen. Die Volljährigkeit wird 1975 von 21 auf 18 Jahre heruntergesetzt. Tabus werden gebrochen, eine Aufklärungswelle überspült das Land. Der selbsternannte westdeutsche Chefaufklärer Oswalt Kolle schaut den Menschen in die Betten. Jugendliche greifen zur Droge Haschisch. Die Hamburger Illustrierte *Stern*, die sich Gisi am Kiosk in Ascona kauft, erscheint im Juni 1971 mit einem die Gemüter erregenden

Titelbild, auf dem Frauen bekennen: »Wir haben abgetrieben«. Gisi reicht das Blatt weiter, die deutsche Kolonie ist empört und debattiert. Der Baader-Meinhof-Terrorismus erschüttert auch Hamburg. Die »Rote Armee Fraktion« lässt im Hamburger Axel-Springer-Verlag einen Sprengsatz explodieren, 38 Mitarbeiter werden verletzt. Die Stadt des großen Imports und Exports macht mit der Ölkrise erste Erfahrungen, wie abhängig sie von weltwirtschaftlichen Entwicklungen ist. Drei autofreie Sonntage sind die Folge. Doch der Herzschlag der Stadt bleibt im Takt und verdient das Lob, das von draußen kommt. Die *Sunday Times* schreibt, Hamburg sei »wahrscheinlich die vernünftigste Stadt der Welt, die ganze Stadt stimmt«. Bundespräsident Walter Scheel weiht die Köhlbrandbrücke ein, und Helmut Schmidt wird Bundeskanzler nach dem Rücktritt von Willy Brandt. Für Schmidt werden fünf Tage im Oktober des Jahres 1977 die härtesten seines politischen Lebens. Die Deutschen bangen um das Schicksal von 87 Menschen, gefangen in einem entführten Flugzeug, Geiseln von zu allem entschlossenen Verbrechern. Sie wollen der Forderung der Entführer des Arbeitgeberpräsidenten Hanns Martin Schleyer, elf Baader-Meinhof-Häftlinge auszuliefern Nachdruck verleihen. Der kühne Handstreich einer deutschen Spezialeinheit verhindert im letzten Augenblick, dass die Terroristen sich und ihre Opfer in Mogadischu in Somalia in die Luft sprengen. Den Flugkapitän hatten sie schon erschossen. Die Betroffenen des Dramas sind Urlauber, unter ihnen auch Hamburger und Nachbarn aus dem Umland. Nach der Befreiung der Geiseln begehen die Terroristen Andreas Baader, Gudrun Ensslin und Jan-Carl Raspe im Gefängnis Selbstmord. Arbeitgeberpräsident Hanns Martin Schleyer wird ermordet. Die sportlichen Emotionen mit deutsch-deutschem Hintergrund schlagen hoch, als die Fußballweltmeisterschaft 1974 in der Bundesrepublik begonnen hat: Im Hamburger Volksparkstadion kommt es erstmals zum Zusammentreffen der Mannschaften aus beiden Teilen Deutschlands. Die DDR gewinnt mit 1:0. Jürgen Sparwasser, ein Sportlehrer aus Magdeburg, schießt das Siegtor, was aber nichts daran ändert, dass die Westdeutschen doch noch Weltmeister werden. Die Asconeser Deutschen sitzen vor den Fernsehern und jubeln über den Sieg der Heimat. Der Schauspieler und Intendant des Thalia-Theaters Boy Gobert, auch er einst Gast bei Paul und Gisi L'Arronge, spricht ein großes Wort: »Hamburg ist heute die kulturell interessanteste Stadt des deutschen Sprachraums.« Südlich von Hamburg bricht der Elbe-Seitenkanal, weite Teile des Umlandes werden überflutet. Politische Wellen schlägt die Ausbürgerung des Liedermachers Wolf Biermann durch die DDR. Sein erster Auftritt in Hamburg endet mit Ovationen. Und ein großer Mann in dieser Stadt verlässt die politische Bühne: Herbert Weichmann, der 23 Jahre lang Hamburg in verschiedenen Ämtern gedient hat. Er war viele Jahre Finanzsenator und Erster Bürgermeister, er mehrte das Ansehen Hamburgs weit über seine Grenzen hinaus. Und die Bürger dieser

Hamburg ist weit, und der Süden ist schön, freundlich und bringt Gelassenheit ins Leben von Paul und Gisi. Sie kaufen sich ein »Riva«-Boot und lernen die Einzigartigkeiten des Lago Maggiore kennen. Bald soll Ascona ihre neue Heimat sein.

Stadt nehmen Abschied von ihrem Volksschauspieler Henry Vahl. Noch heute erinnern sich viele an das Lied »In Hamburg sagt man tschüs«, das er mit seiner Bühnenpartnerin Heidi Kabel gesungen hat. Auch in diesem dritten Jahrzehnt der Nachkriegszeit bleibt die größte Stadt Westdeutschlands Musikmetropole. Der Österreicher Udo Jürgens kommt an die Elbe und lobt die bemerkenswerte Pop-Szene in der Hansestadt. Und für die beiden Musiker Bert Kaempfert und James Last mit ihrem besonderen Orchestersound wird die Elbmetropole zur Startrampe für ihre Weltkarrieren.

Zwei große Männer der Unterhaltung, die Nachkriegsdeutschland begeisterten und Millionen zum Lachen brachten, verabschieden sich für immer – Trauer um Peter Frankenfeld und Heinz Erhardt, auch sie einst Gäste bei L'Arronge in der Dammtorstraße.

Das leichte Leben im Tessin aber, beschwingt und immer heiter, nimmt seinen Lauf, und manche, die sich hierher zurückzogen, sagen: »Deutschland ist ja weit weg.« Diese südliche Unbeschwertheit verleitet mitunter zu kleinen Techtelmechteln, über die sich Gisi im Nachhinein amüsiert. Magda Schneiders Mann ist ganz verschossen in die Schauspielerin Nadja Tiller, möchte mit ihr anbandeln, dann auch mit Gisi selber. Als Kupplerin engagiert er eine mit allen Tessin-Deutschen befreundete Dame, der er eine Belohnung verspricht, wenn sie zwischen Gisi und Hans Herbert Blatzheim eine vertrauliche Annäherung vermitteln würde. Doch die umworbenen Damen Nadja und Gisi bleiben kühl.

Auch die alte Verbindung zu Axel Springers zweiter Frau Katrin in Hamburg ist nicht abgerissen. Sie besucht wenige Jahre vor ihrem Tod die alten Freunde am Lago Maggiore. Über Springer spricht sie nicht mehr, sie will nur mit dem schicken »Riva«-Boot ihrer Gastgeber über den Lago gefahren werden. Paul schimpft dann immer mit ihr, wenn sie ins Boot steigt, weil sie nie ihre Stöckelschuhe ausziehen möchte, für einen Skipper wie Paul unmöglich! Sie zeigen ihr bei einer der Bootsfahrten das Haus von Helmut und Hella Zacharias und das erste L'Arronge-Haus auf der anderen Seite des Sees. Der jüngste Sohn des Geigers, Stefan, hatte damals, in den späten sechziger Jahren, eine spezielle Lampe, die er seinen Eltern immer mitgab, wenn sie mit ihrem Boot abends von Ascona nach San Nazzaro zu Paul und Gisi schipperten. Waren sie angekommen, knipste Zacharias die Lampe an und zielte mit ihr auf sein Haus drüben am anderen Ufer. Dann wusste der Sohn, dass die Eltern wieder festen Boden unter den Füßen hatten.

Manchmal gesellt sich die amerikanische Schauspielerin Paulette Goddard zu den abendlichen Runden der zugezogenen Deutschen, weil sie so interessant, bekannt und fröhlich sind. Sie lebte mit ihrem Mann, dem Schriftsteller Erich Maria Remarque, in Ronco, ein paar Kilometer südlich von Ascona. Paulette war einst mit Charly Chaplin verheiratet, ehe sie dem berühmten Autor von *Im Westens nichts Neues* in Hollywood begegnete. Der Schriftsteller war ein von den Nazis gehasster Mann und setzte sich schon früh in die Schweiz ab, um seinen Verfolgern zu entkommen. Paulette erzählt gern Geschichten über ihren Mann, über die sich auch die Asconeser immer wieder amüsiert haben. Zu seinen Eigenarten gehörte es, schon am frühesten Morgen, wenn die meisten in dem Städtchen noch schliefen, zum Friseur nach Ascona zu gehen. Er holte ihn aus dem Bett und ließ sich auf der Piazza frisieren. Um den Friseur zu besänftigen, spendierte er Brötchen und Kaffee und half, den Friseurstuhl ins Freie zu tragen. Während dieser 30 Minuten blickte er weltabgewandt nur auf den stillen, großen und von Bergen gerahmten Lago Maggiore. Hinter Ronco, oben am Hang, ist ein kleiner Friedhof. Ganz links vom Eingang nahe einer Felswand ist das Grab von Erich Maria Remarque und seiner Frau Paulette. Der Schriftsteller starb 1970, seine Frau 20 Jahre später.

Für all die Freunde, die regelmäßig hierher nach Ascona reisen, ist das Café L'Arronge in gewisser Weise wiederauferstanden, nur eben rund 1200 Kilometer weiter südlich, und es trägt nun den Namen »Borromeo«, wo sich die Ansässigen und die deutschen Zuwanderer abends treffen. Dazu klimpert leise ein elektrisches Klavier. Man bleibt nur selten unter sich in dem freundlichen Ort der Asconeser. Da ist zum Beispiel Luciana, die in einer der schmalen Gassen Asconas eine Zuckerbäckerei aufmachen möchte. Paul L'Arronge, der pensionierte Konditor aus der fernen Hafenstadt hoch im Norden, greift ihr unter die Arme, berät sie, gibt professionelle Tipps – und fortan läuft das neue Geschäft mit dem schönen Namen »Dolcina«. Später stellt Luciana ihren Freund vor und fragt Paul, wie ihm der junge Mann namens Aldo denn gefalle. Paul sagt, sie solle gleich morgen mit ihm zum Standesamt gehen. Und sie tut es.

Luciana heute, nach mehr als 40 Jahren: »Ja, so lange kenne ich Gisi nun schon, ich telefoniere jede Woche mit ihr und wir sehen uns jedes Jahr, wenn Gisi nach Ascona kommt. Wir zwei Frauen wissen alles voneinander. Es ist ein Glück, in unserem Alter Gisi als Freundin zu haben und sie nie bei schlechter Laune zu ertappen. Wir haben so viele

Das Dolcefarniente der Deutschen im Tessin. Auch Gisi und Komponist Lotar Olias genießen es mit Motorboot auf dem Lago Maggiore. Das Foto machte Paul.

Gemeinsamkeiten, wir sind beide dem Leben zugetan, haben beide die gleichen Interessen, und unsere Lebenspartner waren viel älter als wir beiden Frauen. Mein Mann ist 17 Jahre älter als ich, und Gisis Mann, Paul L'Arronge, war ebenfalls 17 Jahre älter als seine Gisi. Ist das nicht bemerkenswert? Unser erstes Zusammentreffen im Tessin war bei Lello im Restaurant auf dem damaligen Flugplatz von Ascona. Gisi und Paul kamen mit dem Boot vom anderen Ufer des Lago Maggiore. Helmut Zacharias und seine Frau begleiteten die beiden. Was wir feiern würden, fragte Paul. ›Wir feiern den Geburtstag von Lucianas Schwester Rina‹, rief jemand aus der fröhlichen Runde. Paul sagte, welch ein Zufall, auch seine Frau habe heute Geburtstag. Das war der Beginn unserer Freundschaft. Paul war ein Gentleman, ein wunderbarer Unterhalter, der uns immer zum Lachen brachte.

Für mich unvergessen ist der Abend, an dem Gisi und Paul zum Kaninchenessen kamen. Ich hatte sie zu diesem typischen Tessiner Mahl eingeladen. Gisi flüsterte mir in der Küche zu, Paul möge kein Kaninchen, das habe er im Krieg immer essen müssen. Zu spät! Im Ofen brutzelten schon die Tierchen. Ich wusste mir zu helfen und sagte meinem Mann, dass ich einfach die Knochen aus dem Fleisch nehme, dann denkt Paul, wir tragen ihm Kalbfleisch auf. Das habe ›unsere Luciana‹ wunderbar gemacht, lobte mich der überlistete Feinschmecker aus Hamburg. Als der Abend zu Ende war und Paul und Gisi wieder ans andere Seeufer fuhren, sagte Paul zu seiner Frau, sie solle sich von Luciana das Rezept geben lassen. Jahre später lüfteten Gisi und ich Paul gegenüber das kleine Küchengeheimnis von einst – und wir alle lachten herzhaft. Als das Ehepaar L'Arronge längst wieder in Hamburg lebte und Paul schon schwer erkrankt war, fragte ihn seine Frau, ob er denn noch einen Wunsch habe. ›Ja, Gisilein, ich möchte noch einmal zu Luciana ins Tessin und ihr besonderes Kalbfleisch essen.‹ Diesen Wunsch konnte sie ihm nicht mehr erfüllen.«

Auch die Ära Ascona ist lange vergangen, doch die Verbindungen sind geblieben. Mit ihrer Freundin Rina Feldpausch, Inhaberin der Lokale Grotto Broggini und Osteria

Nostrana, feiert Gisela heute noch gemeinsam Geburtstag in Ascona. Beider Geburtszeit liegt nur zwei Stunden auseinander. Und jedes Mal, wenn sie zusammen sind, amüsieren sie sich über jenen Tag, als beide ihren gemeinsamen 50. Geburtstag in Ascona feierten. Paul kam mit 50 roten Rosen für seine Gisi. Sie flüsterte ihm zu, dass ihre Freundin ebenfalls fünfzig geworden sei, das müsste er doch wissen. Paul griff sofort in Gisis Rosen, zählte die Hälfte ab und überreichte sie ihr und verbeugte sich vor beiden Damen – eben ein Gentleman.

Zum 80. Geburtstag von Gisi und der Chefin des Grotto gab es dort ein dreitägiges Fest mit alten Freunden. Walter und Nadja Giller, die Jahrzehnte in Lugano lebten, waren auch dabei. Im Jahr 2008 haben die beiden ihren Alterssitz in Hamburg genommen. Gisi zieht es noch heute immer wieder für ein paar Tage im Jahr zu diesem schönen Flecken Erde im Süden. So ist Ascona – wer es einmal gesehen und erlebt hat, den zieht es immer wieder zurück, er kann von diesem Ort nicht mehr lassen.

ABSCHIED VOM PARADIES

Das Jahr 1985 bringt den Wendepunkt im Leben von Paul und Gisi. Die unbeschwerten Jahre am Lago Maggiore müssen zu Ende gehen. Paul L'Arronge wird krank. Es ist das unterentwickelte Herz, das ihm einst ein Arzt in Hamburg bescheinigt hatte, als Paul noch ein junger Mann war und zur See fahren wollte. Paul stellt eines Tages seiner Frau die schwerwiegende Frage, ob sie als Witwe in Ascona zurückbleiben wolle. »Nein, natürlich nicht!«

Sie verkaufen die »Schweiz«, und nach den herrlichen Jahren im Süden erwerben sie am Mözener See zwischen Hamburg und Bad Segeberg ein Wassergrundstück mit einem kleinen Häuschen. Hier erlebt der Grandseigneur der Zuckerbäckerei von einst mit seiner Frau sein letztes Jahr. Viele Hamburger erinnern sich noch an ihn und seine Konditorei: »Ja, wie oft sind wir bei L'Arronge eingekehrt!«

Das *Hamburger Abendblatt* überschreibt am 5. Juli 1986 den Abschied von Paul L'Arronge mit der Zeile: »Ein Philosoph der Lebensfreude«. Die Journalistin Susanne von Bargen, die schon als Kind zusammen mit ihren Eltern häufig bei L'Arronge war, erinnert ihre Leser an die glanzvollen Jahre der Konditorei:

»›Süße Männer‹, befand Paul L'Arronge einmal, ›sind die nettesten‹. Folgerichtig steckte Paul L'Arronge den Damen seines Freundeskreises öfter mal ein Schokoladenpräsent zu, bestimmt für den Mann zu Hause – nett sollte der halt sein. Und wer Sorgen wegen der schlanken Linie anmeldete, bekam ein Stück L'Arronge-Philosophie zu hören: ›Süßigkeiten machen nicht dick. Sie halten sogar schlank, weil sie gründlich den Appetit auf anderes verderben.‹ Dieser Satz ist jetzt endgültig verklungen: Paul L'Arronge ist am Mittwoch im Alter von 77 Jahren gestorben. Sein Café hat in Hamburg Geschichte gemacht. 1932 hatte er es gegenüber der Staatsoper eröffnet, und es war schnell zum Muss für Hamburgs Swing-Jugend und jeder Menge Prominenz geworden. Max Schmeling, Axel Springer und Willy Fritsch, drei Namen von Stammgästen, die bald gute Freunde des Hausherrn wurden. Sein Herz hing auch an den anderen Gästen. ›Für viele Hausfrauen ist ein Besuch bei L'Arronge ein kleines Fest mit dem Glanz von Weihnachten‹, sagte er einmal.

Groß und schlank, mit silbergrauem Haar und Schnurrbart, kreierte und probierte der Chef persönlich, was seinen Kunden verkauft wurde. Am 31. März 1970 aber schloss Paul L'Arronge sein Café. Er wollte endlich selber in Ruhe Kaffee trinken gehen. Mit seiner Frau Gisi lebte er in Ascona – aber vor einem Jahr zog es ihn nach Hamburg zurück. Hier war er als Kaufmannssohn in der Isestraße geboren worden und in der Kaiser-Wilhelm-Straße aufgewachsen. Und hier begründete er seinen Ruf als Konditormeister, dessen Spezialitäten in die ganze Welt verschickt wurden. Am Mözener See bei Bad Segeberg hatten die L'Arronges sich ein Wochenendhaus gekauft. Hier hatte der versierte Angler früher viel Zeit verbracht. Hier erlebte er mit seiner Frau die letzten Tage vor seinem Tod.«

Gisi L'Arronge lebt heute in einer Wohnung im Hamburger Stadtteil Harvestehude, an einem Seitenarm der Alster. Wenn es allmählich Abend wird, dann kommen immer wieder ihre Erinnerungen hoch, kleine Episoden aus jener Zeit mit Paul im Tessin, und alles scheint, als wäre es erst gestern gewesen:

Wenn in San Nazzaro der Mann einer Schweizer Kammersängerin am Hause L'Arronge vorbeiging und Gisi gerade den Ascheimer rausbrachte, winkte er ihr zu und rief:, »Ich tausche zwei Karajan-Karten gegen einen Teller Spaghetti!« Maria Callas schickte immer zwei Karten für die Mailänder Scala und bedankte sich für die schönen Abende in der Hamburger Konditorei vor vielen Jahren.

Oder als Gisi auf dem Lago Maggiore ihren Bootsführerschein machen sollte: »Mein Lehrer flirtete immer mit mir, auch an diesem Tag, und ich fauchte ihn an, er solle sich jetzt bitte auf meine Prüfung konzentrieren. Ich musste mehrmals rückwärtsfahren, am Bootssteg anlegen und viele andere Manöver machen. Zu Paul habe ich gesagt: ›Wenn ich nach der Prüfung mit dem Boot zurückkomme und ganz grade auf San Nazzaro zufahre, habe ich *nicht* bestanden. Du musst dann sofort verschwinden, damit du mein ganzes Elend nicht miterlebst. Wenn ich aber mit dem Boot hin und her wackle, dann kannst du auf der Terrasse bleiben und mit mir meinen Sieg feiern.‹« Paul sah schon aus großer Entfernung, wie das Boot der Heimkehrenden schlingerte und wackelte, dass einem schlecht werden konnte.

Gisi L'Arronge hält inne. Sie summt ein Lied von Lotar Olias, das er vor langen Jahren geschrieben hat: »Vergangen, vergessen, vorüber…« Auch er, der Freund aus Kriegs- und Friedensjahren, gibt Ascona bald auf und kehrt nach Hamburg zurück. Gesundheitlich geht es ihm nicht gut. Er will sich für ein paar Tage auf Sylt erholen, als er von Gisi den Anruf mit der traurigen Nachricht erhält, dass Paul gestorben ist. Lotar wünscht sich von Gisi, sie möchte mit der Beisetzung doch bitte warten, bis er zurück ist. Doch Olias erholt sich nicht mehr, er erkrankt schwer und kann an Pauls Beisetzung nicht teilnehmen.

Vier Jahre nach Pauls Tod sieht Gisi mit an, wie der Komponist von »Du, du, du, laß mein kleines Herz in Ruh« am 21. Oktober 1990 im Israelitischen Krankenhaus an einem Herzleiden stirbt. Sie steht an seinem Krankenbett, legt die Hand auf Lotars Gesicht und schließt seine Augen. Bei der Trauerfeier drei Tage später auf dem Friedhof Ohlsdorf fließen viele Tränen, als ein Potpourri mit Olias-Melodien erklingt. Pastor Hans-Enoch Dittmann sagt: »Mit seiner Musik wollte Olias den Menschen nahekommen, das ist ihm überreich gelungen.« Vielen Trauergästen fällt auf, dass eine Person nicht erschienen ist, die wichtigste, mit der er viele Jahre sein Leben geteilt hat: seine geschiedene Frau. Sie lässt sich von ihrem gemeinsamen Sohn vertreten. Gisi

L'Arronge bedauert es heute sehr, dass der Rundfunk die schönen Melodien von Lotar Olias kaum mehr spielt. Aber da ist sie auch ganz nüchtern: »Andere Zeiten bringen neue Geschmacksrichtungen.«

Von allen Hamburger Freunden, die am Lago Maggiore vor Jahren eine neue Heimat fanden, blieben nur noch der Zauberer mit der Geige, Helmut Zacharias, und seine Frau Hella in Ascona zurück. Wenn die Menschen heute seinen Namen hören, sind die Melodien auch nach langer Zeit sofort wieder da. »Wenn der weiße Flieder wieder blüht«, »Ich küsse Ihre Hand, Madame«, »Frag den Wind«, »Eine Melodie geht um die Welt« – nur vier von mehr als 400 Kompositionen dieses Musikers, der weltweit seine Zuhörer bezaubert hat. Gisi verbindet mit Zacharias nicht nur Privates. »Wir sind oft gemeinsam im Rundfunk aufgetreten, in Baden-Baden, in Berlin und in Hamburg selbstverständlich.«

Die *Frankfurter Allgemeine Zeitung* fragte den Künstler 1983: »Wie möchten Sie sterben?« Zacharias antwortete sehr knapp: »Ahnungslos und sehr schnell«. Sein Wunsch erfüllte sich nicht. Er erkrankte an Alzheimer, wusste bald nicht mehr, wer er war und wo er lebte. Die Erinnerungen verschwanden in der Dämmerung. Es wurde ein langes Ende und für seine Familie ein schmerzliches Mitansehenmüssen. Die Tochter, Dr. Sylvia Zacharias, eine Medizinjournalistin, hat darüber ein Buch geschrieben.

Gisi L'Arronge, inzwischen schon lange wieder in Hamburg, wird von ihrer Freundin Hella in Ascona über Hel-

Der Zaubergeiger Helmut Zacharias und seine Frau Hella auf der Terrasse ihres Hauses am Hang von Ascona. Von der »Filmkulisse« des Lago Maggiore inspiriert, spielt er eines seiner einschmeichelnden Stücke.

muts Schicksal ständig unterrichtet. Am 28. Februar 2002 ruft sie wieder in Hamburg an: »Gisi, nun ist es zu Ende, Helmut ist vor ein paar Stunden eingeschlafen.« Hella Zacharias bittet Gisi L'Arronge, einen geeigneten Grabplatz auf dem Friedhof Ohlsdorf in Hamburg zu finden. Und so liegen zwei der musikalischen Größen der deutschen Nachkriegszeit seitdem nebeneinander: Helmut Zacharias und sein einstiger Kollege Michael Jary, der das Lied »So wird's nie wieder sein« geschrieben hat.

Hella Zacharias kehrt nach dem Tod ihres Mannes bald zurück nach Ascona, lebt noch eine Weile in dem verwaisten Haus, bis sie sich in ein Seniorenheim im nahen Locarno zurückzieht. Gisi und Hella telefonieren noch heute jede Woche miteinander. Hella Zacharias beklagt sich dann immer, dass sie sehr einsam sei, allein zurückgeblieben in einer Welt, in der einst so viele Freunde um sie herum waren – »um uns beide, meine liebe Gisi«.

Auch für Sylvia Zacharias sind die Erinnerungen an ein amüsantes Völkchen und an die Nachbarschaft in Ascona mit Paul und Gisi L'Arronge heute noch sehr lebendig: »Begonnen hat es im Jahr 1965, als Paul seiner Gisi das bewohnbare Bootshaus in San Nazzaro auf der Ostseite des Lago Maggiore schenkte. Wir machten viele schöne Ausflüge auf dem See in netter Gesellschaft, etwa von Freddy Quinn, Lotar Olias und meinen Eltern mit dem neunjährigen Sohn Stephan. War das Wetter schön, rief man durch und sagte nur ›Heute To-Ta!‹, Toller Tag. Helmut kam in seinem flotten Motorboot hinübergebraust von Ascona, und auf ging's zusammen mit dem Riva-Boot von L'Arronge zur Isola dei Pescatori ins Restaurant oder zum Picknick oder zu den anderen Inseln.

In den siebziger Jahren wohnten Paul und Gisi nur fünf Minuten von uns entfernt, in einer modernen Villa, die am steilen Fels errichtet war. Sie hatte dem Ehepaar Rothschild gehört und war damals außer unserem das einzige Bauwerk auf dem Berghang Collinetta von Ascona. Wie unser Haus lag sie am Römerweg, wo Paul regelmäßig frühmorgens mit seinem Hund spazieren ging. So kam er an unserem oberen

Garten mit dem ›Tessiner Hof‹ vorbei und warf meiner Mutter, die dort beim Frühstücken war, einen lustigen Spruch über den Gartenzaun zu. Ich erinnere mich an viele Besuche und Gegenbesuche zum Aperitif oder zum Abendessen. Paul war immer britisch vornehm und sportlich gekleidet, V-Ausschnitt-Pullover und Foulard. Er trug einen gepflegten, aber uneitlen Schnauzbart und hatte leicht gewellte, volle grau melierte Haare. Nur der Tropenhelm fehlte, und er hätte gut einen englischen Offizier im kolonialen Indien abgeben können.

Wenn Paul den Raum betrat, vibrierte irgendwie die Luft. Er zog uns sofort mit einem nicht gerade lupenreinen Spruch oder einer Anekdote in den Bann. Zugegeben: geschmacklich nicht immer im Sinne von Frau Alice Schwarzer. Er gab sich dann provokant als heimlicher Genießer und erzählte, wenn wir alle zusammenstanden, an meinen Vater gewandt von irgendeiner Blondine auf der Piazza von Ascona ›mit sooo 'nem Wasserfall‹, womit er die langen Beine der Dame meinte. Ich bemerkte lange nicht, dass er dabei seine Altersgenossen parodierte, seine ernsthafte Miene verriet es nicht. Wurden Fotos herumgezeigt und fand meine Mutter, dass sie unvorteilhaft abgebildet sei, lautete sein grausamer Trost: ›Kamera lügt nicht!‹

Paul war ein disziplinierter Zeitungsleser und nahm am Zeitgeschehen regen Anteil. Allerdings wurde bei uns nicht über Politik diskutiert. Wenn sich meine Eltern mal in die Wolle kriegten, griff er generalsmäßig zur Kommandosprache

Seit Gisi ohne ihren Paul allein in Hamburg lebt, besucht sie regelmäßig den alten Freund Max Schmeling in Hollenstedt. Auch er ist allein, seine Frau Anny starb 1987, ein Jahr nach Paul L'Arronge. Sie schwelgen in alten Erinnerungen, auch an Paul, der nicht mehr bei ihnen ist.

und ordnete an: ›Thema durch!‹ Das hatte etwas vom Stil des Vaters in Walter Kempowskis Familiensaga der dreißiger Jahre *Tadellöser und Wolff*. Suchte einer nach einem Wort und fand es nicht, sprach Paul in die Pause mit trockenem Tonfall: ›Sag was Ähnliches!‹ Derlei Sprüche haben sich bei uns, Hella, Sylvia, Stephan und Thomas Zacharias, in die Alltagssprache eingeprägt. Es gab Rituale bei diesen Treffen, etwa als Aperitif das ›Gedeck‹: Bier und Wodka. Gisi L'Arronge war für feine Fischsachen aus Hamburg zuständig, Hella Zacharias mehr für die italienische Küche. Gisi genehmigte sich in der Küche beim Kochen heimlich einen kleinen Wodka. Sie wollte ihren Mann nicht beunruhigen, der ein Auge auf ihre Trinkgewohnheiten hatte. Umgekehrt versorgte Gisi meinen Vater hinter dem Rücken seiner Frau mit Nachschub an dem einen oder anderen Schnäpschen. Auch die erwachsene Jugend wie mein Freund und ich war bei den Treffen nicht ausgeschlossen und wurde großzügig mit Süßem, Salzigem, Alkoholischem und Saurem versorgt. Wir durften sogar unsere ›historischen Tänze‹ vortragen und erhielten viel Beifall. Die Geselligkeit der L'Arronges war nicht nur auf Lustgewinn und Selbstbestätigung gerichtet, sondern hatte – und hat durch Gisi noch immer – eine starke soziale Komponente. Gisi kümmerte sich rührend fürsorglich um all ihre Freunde, ob das Ilse Werner war oder Max Schmeling, ob es die Kinder von Freunden waren oder Menschen, die weitab wohnten. Gisi versorgte sie alle mit regelmäßigen Besuchen, wozu sie lange Reisen am Steuer ihres Wagens unternahm. Während Paul die Menschen vor allem zum Lachen brachte, war Gisi das Herz dieser Geselligkeit, das menschliche Bindemittel. Beide zusammen wirkten wie ein Magnet, der die Freunde wie Planeten auf ihrer Umlaufbahn hielt.«

Gisi und Hella Zacharias besuchen auf dem Hamburger Friedhof Ohlsdorf die Gräber ihrer Männer. In solch einer Stunde sind sie dankbar für ihre liebevollen Erinnerungen.

ICH BIN SO DANKBAR

Hamburg an einem Abend in heutiger Zeit. Durch die hohe Glasfront der Staatsoper flutet das Licht auf die Dammtorstraße. Die ersten Besucher kommen aus den Parkhäusern. Auf der gegenüberliegenden Straßenseite steht das schlanke und hohe Haus Nummer 13, längst ein Neubau. Der Eingang ist verschlossen, und hinter den Fenstern ist alles Licht erloschen. Es ist das Geschäftshaus der Regionaldirektion Nord eines Unternehmens mit den Abteilungen für Personal, Marketing und einem Call center. Hier ist längst Feierabend. Nichts erinnert mehr an das Lachen, an das Wohlbefinden, an stimmungsvolle Menschen und an die hell beleuchtete Ästhetik eines üppig ausgestatteten Schaufensters der Konditorei, die von morgens bis Mitternacht geöffnet war, wo sich die Gesellschaft der Stadt und aus der Ferne getroffen hat und der Chef des Hauses L'Arronge eine »Terrine getrüffelte Gänseleber Lacroix mit Toast und Butter« für zwölf Mark servierte.

Andere haben den Platz eingenommen. Kühle Geschäftigkeit hat die Hamburger Legende, den Hamburger Salon im Hause Nummer 13 abgelöst, aber seine Geschichten sind lebendig geblieben. Gisi L'Arronge: »Was wäre ich ohne sie! Ich habe ein wunderschönes Leben mit meinem Mann Paul und ein gutes Leben auch nach seinem Tod gehabt, weil ich meine Freunde behalten habe. Das ist so wichtig im Leben.

Du musst die Freunde pflegen, und das habe ich immer getan, das lernte ich von meinem Mann. Wenn ich an meine vielen Reisen denke, auch zusammen mit Paul, und an all die schönen Erlebnisse, die vielen Begegnungen mit interessanten Menschen, dann weiß ich, dass ich nichts versäumt habe.«

Eine ihrer Freundinnen lebt im selben Haus, eine Etage höher. Für beide trifft zu, im wahrsten Sinne hanseatisch zu sein, was heißt, Stil zu haben: Maria Illies, ihr Mann war in den achtziger Jahren Präsident der Handelskammer Hamburg, ist eine Förderin hochbegabter junger Musiktalente im Kuratorium der »Deutschen Stiftung Musikleben« – und eben Gisi L'Arronge. Um Musik ging es auch, als die beiden Damen 1998 zusammen nach Salzburg reisten. Maria Illies wird dieser Ausflug mit all seinen komödiantischen Facetten immer im Gedächtnis bleiben.

Gisi ist eine große Hundefreundin. Ihren letzten hat sie im Arm, einen Norfolkterrier namens Penny.

»Gisi, Penny – ihr goldfarbener Norfolkterrier – und ich steigen im Hotel Goldener Hirsch in Salzburg ab. Wir freuen uns auf die Fidelio-Premiere im großen Festspielhaus, und wie bei Premieren in Salzburg so üblich, wird selbstverständlich auch unsere Garderobe der Bedeutung des Anlasses gerecht. Da Penny leider nicht mit zur Opernpremiere kommen darf, verbringt sie die Zeit der Aufführung in unserer Suite. Zwei Hotelpagen werden beauftragt, gegen gute Bezahlung, versteht sich, Penny während unserer Abwesenheit Gassi zu führen. Als wir beschwingt nach einer wundervollen Aufführung vom Festspielhaus zurückkommen, um im Goldenen Hirsch zu dinieren, erwartet uns großes Chaos. Penny wollte nicht mit ihr unbekannten Hotelpagen Gassi gehen und hatte diese mutig mit angriffslustigem Kläffen und Zeigen ihrer scharfen Zähne in die Schranken verwiesen. Gisi schreitet nun zur Tat und geht von zwei der Pagen begleitet mit Penny zur Salzach, wo die Hundedame nun auch brav das ihr Aufgetragene erledigt. Damit die Zeit nicht zu lange wird, begebe ich mich schon an unseren schönen reservierten Tisch im Restaurant des Goldenen Hirschen.

Viel Prominenz ist da. Am Nebentisch sitzt Tennisspieler Michael Stich mit seiner Freundin, die Ober bemühen sich mit österreichischem Charme um all ihre wichtigen Gäste. Auch ich werde herzlichst begrüßt und warte nun in meinem langen weißen Sommerkleid auf Gisi.

Dann passiert es: Die Tür zum Restaurant geht auf, aber nicht etwa ein neuer Gast tritt ein! Als Erstes schiebt sich ein mittelgroßer, im typischen Burberry-Design gemusterter Hundekorb durch die Tür, auf dem – man könnte fast sagen: mit zufriedenem Hundegesichtsausdruck – Penny thront. Die Farbe ihres Fells harmoniert hervorragend mit den Braun-, Sand- und Gelbtönen ihres Körbchens. Erst dann fällt der Blick auf den Pagen, der, immer noch leicht ängstlich, das kleine Ungeheuer im Korb auf seinen Armen trägt. Ihm folgt Gisi, aufrechten Ganges im weißen, fließenden Abendanzug. Die langen Enden ihrer Stola fallen weich über ihre Schultern und ihren Rücken, so schreitet sie majestätisch in den Raum hinein. Alle Blicke ruhen nun auf ihr. Doch damit nicht genug. Ihr folgt ein zweiter Page, der, als hätte er einen Schatz in Händen, Pennys Fressnapf trägt. Dieses Trio kommt nun, die Aufmerksamkeit aller Gäste und der Ober auf sich vereinend, langsamen Schrittes auf meinen Tisch zu. Die Ober rennen, bemühen sich, der gnädigen Frau zu Diensten zu sein und dem lieben Hündchen vielleicht ein bisschen Tatar und Wasser servieren zu dürfen. Gern werden die wohlgemeinten Angebote angenommen, und nun steht einem genussvollen und fröhlichen gemeinsamen Abend nichts mehr im Wege.

Gisi L'Arronge in heutiger Zeit, gewinnend lächelnd, immer voller Geschichten, immer eine perfekte Gastgeberin und diskret, eben eine Hanseatin.

Das also war Salzburg, wie eine bühnenreife Inszenierung. Meine Erlebnisse mit Gisi waren eigentlich immer ähnlicher Art. Sie hat die seltene Gabe, durch ihr Äußeres und ihr Auftreten eine Grande Dame zu verkörpern. Eine Spezies, die in unserer heutigen Zeit im Aussterben begriffen ist. Aber nicht nur das sehe ich in ihr.

Gisi hat ein großes Herz für andere: für alle, die um Hilfe bitten, für Freunde, alle ihr Nahestehenden und last, but not least für Tiere. Als ich Gisi kürzlich besuchte, hatte sie schon einen Gast, eine ordinäre Stubenfliege, die sie »Fili« nannte. Als ich Fili, die sich auf mir niedergelassen hatte, verscheuchen wollte, bekam ich Ärger mit Gisi. »Sei vorsichtig mit Fili, Fili ist mein Freund.« Und tatsächlich krabbelte Fili meistens auf Gisis Armen rauf und runter. Fili leistete Gisi acht Tage lang Gesellschaft, und Gisi war traurig, als sie eines Tages nicht mehr aufzufinden war.«

Wie an jedem Abend klingelt auch heute das Telefon, und eine vertraute Stimme ist es, wie immer: eine Freundin aus alten Tagen. »Wie geht's dir? … Hast du schon gehört, dass …?«

Ungetrübt geblieben ist ihre Schlagfertigkeit. Trifft sie in der Stadt einen alten Bekannten, der ihr bescheinigt, dass sie gut aussieht, dann sagt Gisi L'Arronge: »Im Gesicht fehlt mir ja auch nichts« – wie in ihrem Leben, in dem es an nichts gefehlt hat.

Über den Autor

Der Journalist Peter Kruse wurde 1938 in Berlin geboren. Er ist der Sohn des bekannten Zeichners Werner Kruse mit dem Künstlernamen ROBINSON. Nach dem Politikstudium an der Freien Universität Berlin arbeitete Peter Kruse als Redakteur bei den Westberliner Zeitungen *Der Abend*, *Der Kurier* und *BZ*. 1976 zog Kruse nach Hamburg und arbeitete als politischer Redakteur. 1989 wurde er Chefredakteur des *Hamburger Abendblattes* und führte die Zeitung zwölf Jahre lang. Von 2001 bis zu seiner Pensionierung im Jahre 2003 war er Herausgeber des Blattes. Zum 60. Jahrestag des Kriegsendes gab er das Buch *Bomben, Trümmer, Lucky Strikes* mit bisher unbekannten Manuskripten heraus. Peter Kruse lebt mit seiner Frau, der Journalistin Susanne von Bargen, in Hamburg.

Bildnachweis

Alle in diesem Buch abgebildeten Fotografien stammen aus dem Privatbesitz von Gisela L'Arronge. Der Bildnachweis listet Fotografen und Urheber auf, die der Verlag ermitteln konnte. Wir bitten zu entschuldigen, dass das nicht in allen Fällen möglich war.

Umschlagtitelbild: Heiner Wederhake / *S. 33*: Photo-Tiede, Hamburg / *S. 51, S. 95 und Umschlagklappe (oben)*: Presse-Foto Albert Cusian, Hamburg / *S. 97*: Pressebüro Marion Schröder, Hamburg / *S. 107 und Umschlagklappe (2. v. unten)*: Erich Schmidt / *S. 126/127*: Fritz E. H. Dohrenbusch, Hamburg / *S. 131*: Horst Janke, Hamburg / *S. 132*: Photohaus Sturm, Salzburg / *S. 138*: Louis Meyer, Hamburg / *S. 141*: Foto-Kain, Salzburg / *S. 155*: Conti-Press Heinz Fremke, Hamburg / *S. 156*: Presse-Foto Albert Cusian, Hamburg / *S. 163*: Otto Rheinländer, Hamburg / *S. 168, S. 169*: Conti-Press, Hamburg / *S. 175*: Otto Rheinländer, Hamburg.

Hella Kemper, Kerstin Schmidtfrerick &
Eva-Christiane Wetterer

Hummelbuch

Hamburg-Brevier

178 Seiten, ISBN 978-3-86774-009-8
Gebunden mit Lesebändchen, Taschenformat,
mit vielen Karten und Zeichnungen

Was Sie über Hamburg noch nicht wussten – hier finden Sie es: Seltsames, Spektakuläres, Sagenhaftes, Verschüttetes, Verstecktes, Vergessenes.

Das Geschenk-Buch für alle Hamburger und Hamburg-Fans, das in jede Jackentasche passt. Quer durch die Archive der Hansestadt haben Hella Kemper, Kerstin Schmidtfrerick und Eva-Christiane Wetterer Antworten auf Fragen gefunden, von denen der Hamburger gar nicht wusste, dass man sie stellen kann.

»Weckt Lust auf die Stadt.« *Die Welt*

»Hammonias Reize auf bisher unbekannte Art.«
Hamburger Abendblatt

MURMANN